Gunnar Begerau

Elia

Wenn der Glaube in Konflikte führt

Dr. Gunnar Begerau, *1972, ist Dozent für Altes Testament an der Biblisch-Theologischen Akademie Wiedenest.

Der Verlag weist darauf hin, dass jede Form der Vervielfältigung dieses Materials, auch in kleinen Mengen, nicht erlaubt ist.

Konzeption und Text: Dr. Gunnar Begerau
Lektorat: Renate Hübsch

Bibeltexte sind entnommen der Übersetzung:
Hoffnung für alle®, Copyright 1983, 1996, 2002, 2015 by Biblica Inc. ®.
Verwendet mit freundlicher Genehmigung von Fontis – Brunnen Basel.
Alle weiteren Rechte vorbehalten.

3. Auflage 2021

© 2012 Brunnen Verlag GmbH
www.brunnen-verlag.de
Umschlagmotiv: Shutterstock
Umschlaggestaltung: Ralf Simon
Satz: Die Feder GmbH, Wetzlar
Herstellung: Basse Druck
ISBN 978-3-7655-0798-4

www.brunnen-verlag.de

Inhalt

Verzeichnis der Abkürzungen — 4

Fragen zu diesem Kurs — 5

Wie verläuft ein Treffen? — 8

Einführung — 9

1. Gott und die Politik (1 Könige 16,29-34) — 15

2. Grundkurs Gehorsam (1 Könige 17,1-7) — 19

3. Vorbildlicher Glaube (1 Könige 17,8-16) — 23

4. Bestätigter Glaube (1 Könige 17,17-24) — 27

5. Glaube in der Zerreißprobe (1 Könige 18,1-18) — 31

6. Der Kampf des Glaubens (1 Könige 18,19-40) — 35

7. Verzweifelter Glaube (1 Könige 19,1-21) — 40

8. Missbrauchter Glaube (1 Könige 21,1-16) — 45

9. Bote des Glaubens (2 Könige 1,1-18) — 49

10. Staffellauf des Glaubens (2 Könige 2,1-25) — 54

Verzeichnis der Abkürzungen

Altes Testament

1 Mo	Das erste Buch Mose
2 Mo	Das zweite Buch Mose
3 Mo	Das dritte Buch Mose
4 Mo	Das vierte Buch Mose
5 Mo	Das fünfte Buch Mose
Jos	Das Buch Josua
Ri	Das Buch über die Richter
Ruth	Das Buch Ruth
1 Sam	Das erste Buch Samuel
2 Sam	Das zweite Buch Samuel
1 Kön	Das erste Buch über die Könige
2 Kön	Das zweite Buch über die Könige
1 Chr	Das erste Buch der Chronik
2 Chr	Das zweite Buch der Chronik
Esra	Das Buch Esra
Neh	Das Buch Nehemia
Est	Das Buch Esther
Hiob	Das Buch Hiob
Ps	Die Psalmen
Spr	Die Sammlung der Sprüche
Pred	Der Prediger Salomo
Hld	Das Hohelied
Jes	Der Prophet Jesaja
Jer	Der Prophet Jeremia
Hes	Der Prophet Hesekiel
Dan	Der Prophet Daniel
Hos	Der Prophet Hosea
Joel	Der Prophet Joel
Am	Der Prophet Amos
Ob	Der Prophet Obadja
Jona	Der Prophet Jona
Mi	Der Prophet Micha
Nah	Der Prophet Nahum
Hab	Der Prophet Habakuk
Zef	Der Prophet Zefanja
Hag	Der Prophet Haggai
Sach	Der Prophet Sacharja
Mal	Der Prophet Maleachi

Neues Testament

Mt	Das Evangelium nach Matthäus
Mk	Das Evangelium nach Markus
Lk	Das Evangelium nach Lukas
Joh	Das Evangelium nach Johannes
Apg	Die Apostelgeschichte
Röm	Der Brief des Paulus an die Christen in Rom
1 Kor	Der erste Brief des Paulus an die Christen in Korinth
2 Kor	Der zweite Brief des Paulus an die Christen in Korinth
Gal	Der Brief des Paulus an die Christen in Galatien
Eph	Der Brief des Paulus an die Christen in Ephesus
Phil	Der Brief des Paulus an die Christen in Philippi
Kol	Der Brief des Paulus an die Christen in Kolossä
1 Thess	Der erste Brief des Paulus an die Christen in Thessalonich
2 Thess	Der zweite Brief des Paulus an die Christen in Thessalonich
1 Tim	Der erste Brief des Paulus an Timotheus
2 Tim	Der zweite Brief des Paulus an Timotheus
Tit	Der Brief des Paulus an Titus
Phlm	Der Brief des Paulus an Philemon
Hebr	Der Brief an die Hebräer
Jak	Der Brief des Jakobus
1 Petr	Der erste Brief des Petrus
2 Petr	Der zweite Brief des Petrus
1 Joh	Der erste Brief des Johannes
2 Joh	Der zweite Brief des Johannes
3 Joh	Der dritte Brief des Johannes
Jud	Der Brief des Judas
Offb	Die Offenbarung an Johannes

Fragen zu diesem Kurs

Zielsetzung

1. Worum geht es in diesem Kurs? Um drei Ziele, die alle wichtig sind:

a. Nahrung für die Seele. „Der Mensch lebt nicht vom Brot allein, sondern von dem Wort, das Gott spricht." In seinem Wort stellt Gott sich uns vor. Hier können wir ihn kennenlernen. Wer mehr über Gott und den christlichen Glauben erfahren will, muss sich mit der Bibel beschäftigen. Wer als Christ im Glauben wachsen will, muss sich aus dem Wort Gottes „ernähren".

b. Gemeinschaft. Im Gespräch über Glaubensfragen und Lebenserfahrungen kommen wir einander näher und können zu einer tragfähigen Gemeinschaft zusammenwachsen.

c. Wachstum der Gruppe. Dieser Kurs wendet sich auch an Menschen, die bisher mit der Bibel wenig in Berührung gekommen sind. Wenn Sie immer wieder andere zu Ihren Treffen einladen, kann die Gruppe wachsen, bis eine Teilung nötig wird. Beide neuen Kreise sollen wieder wachsen, bis sie zu groß sind und sich teilen – und so weiter.

Teilnehmer

2. Für wen soll dieser Gesprächskreis sein?
- Für Menschen, die sich – neu oder wieder – intensiver mit dem christlichen Glauben beschäftigen wollen.
- Für Menschen, denen Kirche und Glauben fremd geworden sind, die aber nach einem neuen Zugang zum Glauben suchen.
- Für Menschen, die mit Schwierigkeiten zu kämpfen haben und eine Gruppe suchen, die Unterstützung und Zusammenhalt bieten kann.
- Für Menschen, die angesichts vieler Unsicherheiten nach einer tragfähigen Hoffnung suchen.
- Für Menschen, die im Gespräch über Glaubensfragen und im Gebet füreinander in ihrem Glauben wachsen möchten.

Der erste Schritt

3. Wie sollen wir anfangen? Machen Sie sich eine Liste mit den Namen, die Ihnen jetzt als mögliche Teilnehmer einfallen. Suchen Sie sich einen Platz, an dem Sie die Liste täglich vor Augen haben. Lassen Sie sie dort, bis Sie alle, die Sie auf Ihrer Liste notiert haben, gefragt haben, ob sie Interesse an einem solchen Gesprächskreis haben.

Das erste Treffen

4. Was geschieht beim ersten Treffen? Sie treffen eine Vereinbarung darüber, was Sie in den nächsten Wochen gemeinsam tun wollen. Sie fasst Ihre Erwartungen und „Spielregeln" für die Gruppe zusammen.

Spielregeln

5. Wie entsteht die Vereinbarung? Sprechen Sie über die nachfolgenden Fragen, und notieren Sie die Punkte, bei denen Sie Einigung erzielen. So können Sie am Ende des Kurses gut beurteilen, ob Sie Ihre Ziele erreicht haben.
- Was ist der Zweck Ihrer Treffen?
- Wie oft wollen Sie sich treffen? (Dieser Kurs bietet Ihnen Gesprächsanregungen für zehn Treffen. Wenn Sie danach weiterhin zusammenkommen wollen, verlängern Sie einfach Ihre Vereinbarung.)

- Wo wollen Sie sich treffen?
- Um welche Uhrzeit sollen die Treffen beginnen?
- Wie lange sollen sie dauern?
- Möchten Sie Getränke und etwas zum Knabbern bereitstellen? Wer ist dafür zuständig?

Hilfreich ist es, wenn Sie außerdem Regeln für das Gespräch in der Gruppe vereinbaren. Dazu könnten folgende Vereinbarungen gehören:
- Was in diesem Kreis gesagt wird, ist vertraulich und wird nicht nach außen getragen.
- Wir reden nicht übereinander, sondern miteinander.
- Gesprächsbeiträge werden nicht bewertet; jeder Teilnehmer wird mit seiner Meinung ernst genommen.
- Es gibt keine „unmöglichen" Positionen. Wenn es Meinungsunterschiede gibt, begründet jeder seine eigene Sicht.

- _____
_____
_____
_____
_____

Sie können ergänzen, was Ihnen sonst noch für Ihre Gruppe wichtig zu sein scheint.

Zeitlicher Rahmen

6. Wie lange dauert ein Treffen? Die Mindestzeitangaben für die einzelnen Bausteine des Treffens sind für Gruppen gedacht, die nur eine Stunde zusammen sein können. Wenn Sie mehr Zeit zur Verfügung haben, verlängern Sie die angegebenen Zeiten einfach entsprechend.

Gesprächsinhalt

7. Was wird bei den Treffen besprochen? „Elia war ein Mensch wie wir." So kommentiert Jakobus 5,17 die Elia-Erzählungen aus den Königebüchern. Das Alte Testament zeichnet uns jedoch ein vielschichtiges Bild dieses Propheten. Elia ist der Glaubensheld, der Großes erbittet und von Gott erhört wird. Er ist der Gottesstreiter, der andere zum Glauben ermutigt und herausfordert. Er ist der Prophet Gottes, der couragiert das Wort Gottes spricht und ausführt. Aber er ist auch der verfolgte „Regimekritiker", der vor dem Zorn der Mächtigen flieht, ein Mann, der Angst hat oder entmutigt ist. Und dann wieder der Eiferer, der vielleicht über das Ziel hinausschießt.

„Ein besonderer Gottesmann" und „ein Mensch wie wir" – in dieser Spannung begegnet uns die Gestalt des Elia. Gerade in der Widersprüchlichkeit seiner Glaubenserfahrung können wir Parallelen zu unserem eigenen Leben erkennen. Aber Gott hält zu ihm. Er korrigiert ihn, hält weiter an der Beziehung fest, auch wenn der Glaube eines Elia dies nicht mehr zu tun vermag. In diesem Kurs wollen wir uns damit beschäftigen, inwiefern Elia und seine Geschichte unserem eigenen Glauben Orientierung und Vergewisserung geben kann.

Das Inhaltsverzeichnis (S. 3) bietet eine Übersicht über die Texte und Themen.

Bibelkenntnis

8. Und wenn jemand in der Gruppe wenig von der Bibel weiß? Prima! Dafür ist die Gruppe ja da. Die ERLÄUTERUNGEN geben Ihnen Hinweise zum Verständnis größerer Zusammenhänge, einzelner Ausdrücke, geschichtlicher Hintergründe oder wichtiger Einzelheiten im Text. Greifen Sie immer dann auf die Erläuterungen zurück, wenn der Sinn des Textes sich nicht von selbst erschließt. Außerdem ist es sinnvoll, wenn Sie neben diesem Bibelstudienheft zu den Treffen auch die **Bibel mitbringen** – falls es einmal nötig ist, andere Stellen nachzuschlagen, um Zusammenhänge besser zu verstehen.

„Hausaufgaben"

9. Was muss ich sonst noch tun? Nichts, wenn Sie nicht wollen. Aber Sie können über das hinausgehen, was in der Gruppe besprochen wird. Nicht immer werden Sie alle Erläuterungen gemeinsam in der Gruppe lesen und alle Fragen diskutieren können. Wenn Sie die Zusatzinformation voll ausschöpfen möchten, haben Sie dafür zwei Möglichkeiten:

Lesen Sie Text und Erläuterungen vorbereitend zu Hause. Oder:

Vertiefen Sie das Gespräch über einen Text nachbereitend, indem Sie den Text noch einmal im Zusammenhang lesen und sich Zeit nehmen, die Erläuterungen zu studieren und einzelnen Fragen für sich persönlich noch weiter nachzugehen.

Der Traum

10. Der Traum, der dahintersteckt. Lebendige Kleingruppen. Menschen finden sich zusammen, um zu einer Gemeinschaft zu werden, in der jeder eine Heimat findet und mit seinen Freuden und Schwierigkeiten angenommen ist. Menschen kommen zusammen, reden über ihr Leben und ihren Glauben und begegnen der Bibel – unabhängig davon, ob sie zu einer Gemeinde gehören oder nicht.

Serendipity

11. Was heißt Serendipity? „Die Gabe, zufällig glückliche Entdeckungen zu machen." Genau darum geht es bei dem Material Lebendige Kleingruppen: Dass Menschen zusammenkommen, ihre Erfahrungen austauschen, der Bibel begegnen und dabei wertvolle Entdeckungen für ihr Leben machen – möglicherweise solche, mit denen Sie nicht gerechnet haben.

Hinweise für Gruppenleiter

12. Weitergehen. Weitere Kurshefte zu vielen biblischen Themen finden Sie auf unserer Homepage:
https://www.brunnen-verlag.de/serendipity

Wie verläuft ein Treffen?

Jedes Treffen besteht aus drei Teilen:

EINSTIEG

15–30 Minuten

Der Einstieg bietet Hilfen an, um sich untereinander kennenzulernen und ins Gespräch zu kommen. Er ist ein wichtiger Pfeiler der Beziehungsbrücke, über die Gemeinschaft entsteht.

BIBELGESPRÄCH

30–45 Minuten

Lesen Sie den Bibeltext zunächst gemeinsam. Die Fragen geben Ihnen einen Leitfaden für Ihr Gespräch. Greifen Sie immer dann auf die Erläuterungen zurück, wenn der Sinn des Textes sich nicht von selbst erschließt.
Sie werden vielleicht nicht alle Fragen in der zur Verfügung stehenden Zeit ansprechen können. Wählen Sie dann einfach die aus, die Ihrer Gruppe am wichtigsten erscheinen.
Zu manchen Fragen möchten Sie sich vielleicht nicht in der Gruppe äußern. Geben Sie aber Ihre Antwort für sich persönlich. Natürlich hat jeder die Freiheit, nur das mitzuteilen, was er wirklich möchte.
  Wenn Ihre Gruppe recht groß ist, können Sie auch überlegen, ob Sie sich für das Bibelgespräch – immer oder hin und wieder – in kleinere Gruppen (etwa zu viert) aufteilen. Das gibt jedem Einzelnen die Möglichkeit, häufiger zu Wort zu kommen.

AUSTAUSCH

15–30 Minuten

Hier ist Gelegenheit, den Text noch einmal ganz persönlich auf sich wirken zu lassen und, wenn Sie möchten, persönliche Anliegen anzusprechen. Dieser Austausch und das gemeinsame Gebet füreinander dienen ganz entscheidend dem Zusammenwachsen und dem Aufbau einer tragfähigen Gemeinschaft.

Beenden Sie Ihr Treffen mit einem gemeinsamen Gebet, wenn alle damit einverstanden sind. Hier ist Raum, auch persönliche Anliegen zu nennen und sie im Gebet Gott anzuvertrauen. Wenn Ihre Gruppe keine Erfahrung mit der Form der Gebetsgemeinschaft hat, kann auch die Gesprächsleiterin oder ein Teilnehmer ein abschließendes Gebet sprechen.

Einführung:
Elia – lesen, verstehen, glauben

Elia und die Königebücher

In den heutigen Ausgaben des Alten Testaments werden uns das erste und das zweite Königebuch als zwei Bücher präsentiert. Ursprünglich geht es jedoch in der hebräischen Ausgabe des Buches um einen einzigen Band. Er erzählt die Geschichte der Könige Israels und Judas vom Tod Davids und dem Aufstieg Salomos (1 Kön 1–2) bis hin zum Ende des Königreich Judas mit der Zerstörung Jerusalems (2 Kön 24–25). Hier erkennen wir ein lineares chronologisches Gerüst vom Anfang bis zum Ende (971–586 v. Chr.). Auffällig ist jedoch, dass bestimmten Königen, Ereignissen, Kämpfen in der Erzählung sehr viel Raum gewidmet wird, während andere nur kurz erwähnt werden. Offensichtlich werden die für die Botschaft des Buches wichtigen Aspekte länger ausgeführt. Besonders der Mittelblock des Königebuches mit der Geschichte König Ahabs und seiner Nachfolger wird sehr detailliert beschrieben. In diesem Teil tauchen nun auch Elia, Elisa und Jehu auf. Der Prophet Elia ist die dominierende Figur in 1 Könige 17 bis 2 Könige 2. Nach der prägnanten Einführung zu König Ahab in 1 Könige 16,29-34 folgt ab Kapitel 17 die prophetische Antwort Gottes auf diesen gottlosen König durch Elia.

1. Elia und die Propheten

Schnell wird im Königebuch die prominente Präsenz der Propheten deutlich. Sie dirigieren die Nachfolge der Königsherrschaft (1 Kön 1–2; 1 Kön 11). Sie greifen ein, wenn der König auf geistliche Abwege gerät (1 Kön 12-14). Mit dem Auftreten Elias ab 1 Könige 17 beginnt jedoch eine neuer Strang in der Erzählung. Elia ist der erste Prophet im Königebuch, dessen Auftreten ausführlich beschrieben wird. Zum ersten Mal dominiert ein Prophet die Erzählung im Königebuch. Er taucht nicht einfach nur als Botschafter an die Könige auf. Von ihm lesen wir, wie er selbst mit Gott einen Weg geht. Er wird zum Glaubensvorbild für Not leidende Menschen (1 Kön 17). Ferner ist er der erste Prophet im Königebuch, der das ganze Volk Israel ansprechen und für Gott gewinnen kann (1 Kön 18). Er tritt gegenüber Ahab und Ahasja mit massiver Kritik auf und greift entschieden durch. Schließlich wird seine Botschaft durch einen offiziell eingeführten Nachfolger weitergeführt (1 Kön 19,19-21; 2 Kön 2). In der weiteren Konsequenz des Auftrags Elias wird sogar Jehu als Ablösung für die Familie Ahabs zum König über Israel bestimmt (2 Kön 9) bzw. Hasael als aramäischer König zum Gericht an Israel (2 Kön 8).

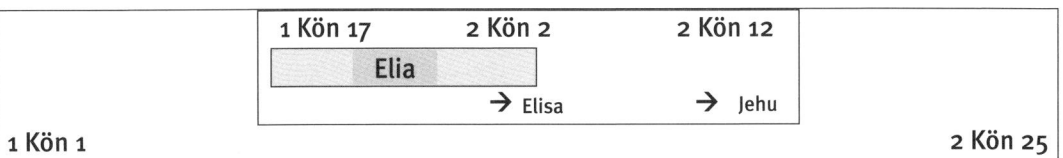

2. Elia und sein Glaube

Sein Name ist Programm: Elijahu (hebr.) bedeutet „Jahwe ist mein Gott". Elia lebt und spricht in einer Zeit, in der das, was sein Name besagt, nicht selbstverständlich ist. In der Zeit Ahabs und Ahasjas wird besonders der Glaube an Baal von königlicher Seite massiv gefördert (1 Kön 16,31-33; 22,52-54). Die Befürworter Jahwes als alleinigem Gott Israels haben es da sehr schwer und müssen sogar um ihr Leben fürchten (1 Kön 18,4). In der Konfrontation mit Ahab und seiner Frau Isebel sieht sich Elia massivem Widerstand ausgesetzt (17,1; 18,14-17; 19,1-3). Dennoch tritt Elia gegen den Baalsglauben auf. Er lebt und verkündet die Botschaft, dass Jahwe, der Gott Israels, alle Bereiche des Lebens beherrscht. Er zeigt auf, dass Baal keine Autorität hat und machtlos ist (1 Kön 18; 2 Kön 2). Diese Auseinandersetzung mit Baal und seinen Vertretern bringt Elia an die äußersten Grenzen seines Glaubens (1 Kön 19; 2 Kön 1,15). Elia erlebt aber, wie Gott weiter auf ihn eingeht und ihn nicht fallen lässt. Ferner werden andere Menschen berufen, die Gottes Werk weiterführen und Elia unterstützen (1 Kön 19).

3. Fragen an Elia

Die Elia-Erzählungen zeigen den Propheten in vielfältigen Facetten: Es begegnet uns ein helfender, ein glaubensstarker und kämpferischer Prophet, aber auch ein schwacher, verzagter Mensch und dann wieder ein mutiger Gottesmann. Im Blick auf diese Vielschichtigkeit in Elias Erleben fällt es heutigen Lesern meist nicht schwer, einen Bezug zum eigenen Leben oder zur heutigen Situation herzustellen.

Aber Elia hat auch Seiten, die dem heutigen Verständnis fremd oder anstößig erscheinen. Der ein oder andere stutzt oder ärgert sich bei der Vorstellung, Elia habe 450 Baalspropheten brutal hingemordet (1 Kön 18). Musste das wirklich sein? Wie lassen sich Texte dieser Art verstehen, in denen auch der Diener Gottes mit Gewalt zu seinem Ziel kommt und sie so zu legitimieren oder gar als „Willen Gottes" auszuweisen scheint? Was ist das für ein Gott, der sich einen so gewalttätigen Propheten beruft?

Diese Fragen verlangen nach einer etwas ausführlicheren Antwort. Der Abschnitt „Gott und die Gewalt im Alten Testament" am Ende dieser Einführung geht darauf näher ein.

4. Elia und der Leser

Für das Lesen und Verstehen der Elia-Erzählungen hilft es, auf die *Grundlagen der Auslegung für historisch-erzählerische Texte* zu achten.

Eine alttestamentliche Erzählung wird von einem **Spannungsbogen** vorangetrieben. Normalerweise wird am Anfang einer Erzählung ein Problem geschildert. Im Verlauf des Abschnitts wird dieses Problem auf die Spitze getrieben, bevor es dann am Ende eine (Auf-)Lösung gibt. Das bedeutet nicht, dass am Schluss immer ein Happy End stehen muss. Eher ist die Situation des Anfangs am Ende neu zu bewerten. Der Leser hat eine neue Einsicht bezüglich der Situation und der beteiligten Personen hinzugewonnen. Das ist meist die Grundlage für einen neuen Spannungsbogen im nächsten Abschnitt des Textes.

Natürlich wird eine Erzählung durch die beteiligten Personen geprägt. Wichtig sind die Beziehung der **Charaktere** zueinander und ihr Beitrag zum Erzählverlauf. Zu der einen oder anderen Person würden wir vielleicht etwas mehr wissen wollen. Aber es würde nicht dem Erzählverlauf dienen.

Man kann die Charaktere in zwei Paare einteilen. Zum einen gibt es **Haupt- und Nebenrollen**. Eine Hauptrolle prägt die Erzählung. Sie spricht viel und geht voran. Ihr sind die Nebenrollen zugeordnet. Elia ist z. B. so eine Hauptrolle ab 1 Kön 17. Ihm sind Nebencharaktere wie z. B. die Raben oder die Witwe zugeordnet. Es wäre nicht textgemäß, aus dem Verhalten einer

Nebenrolle die Hauptbotschaft ableiten zu wollen. Eine Nebenrolle gibt ihren Beitrag zur Botschaft der Erzählung, die aber der Botschaft durch die Hauptrolle(n) nicht entgegengesetzt ist. Wir sollen uns nicht unbedingt die Raben zum Vorbild nehmen, weil sie einen Gottesmann versorgen (1 Kön 17,1-7). All das ist nicht geschrieben, um uns zur nötigen Gastfreundschaft motivieren zu wollen. Stattdessen sind die Raben die Antwort Gottes auf den Gehorsam Elias. Dieser Glaube des Elia ist hier unserer Orientierungspunkt.

Wichtig ist auch die **Beobachtung von kompletten und einseitigen Charakteren**. Ein kompletter Charakter enthält unterschiedliche, teilweise sich widersprechende Aspekte. Das ist auch bei Elia zu beobachten. Er ist mutig und gehorsam (1 Kön 18), aber eben auch ängstlich und entmutigt (1 Kön 19). Dagegen erscheinen einseitige Charaktere in einer Erzählung. Obadja in 1 Könige 18,1-15 zeigt sich in einer positiv-einseitigen Nebenrolle sowohl als treuer Diener Gottes als auch des Königs. Gegensätzliches ist nicht berichtet, nicht weil es das nicht gab, sondern weil es nicht zum Erzählfortgang beiträgt. Dagegen erscheint Isebel in 1 Könige 21 in einer negativ-einseitigen Hauptrolle. Sie lenkt die Erzählung und erscheint durchgängig hinterhältig und abgebrüht – zumindest in dieser Erzählung.

Es lohnt sich, auch in einer Erzählung auf **Schlüsselwörter** achtzugeben. Schlüsselwörter prägen den Inhalt, treiben ihn manchmal auf die Spitze. An Schlüsselwörtern kann man den Fokus der Erzählung erkennen. Beispiele für Kapitel 17 sind „versorgen" und das Reden Gottes (wörtl. „Wort des Herrn"). Ein weiteres Beispiel für ein Schlüsselwort ist der Begriff „Bote/Diener" in 2 Könige 1. Schlüsselwörter können auch auseinanderliegende Texte verbinden, in dem durch den Begriff eine Assoziation und damit eine Verbindung zur Botschaft des vorherigen Textes hergestellt wird. So kann z. B. der Leser durch das „Feuer" in 2 Könige 1 eine gedankliche Korrespondenz zu dem „Feuer" in 1 Könige 18 herstellen, wo es um eine ähnliche Situation und Botschaft geht.

Oft kann es vorkommen, dass die nötige **Hintergrund**information nicht mitgeliefert wird. Der Schreiber geht offenbar davon aus, dass der Empfänger Bescheid weiß. So wird z. B. in allen Elia-Erzählungen vorausgesetzt, dass die Glaubensvorstellungen zu Baal allgemein bekannt sind. Wenn Elia in 1 Könige 17,1 Tau und Regen aussetzen lässt, dann weiß der damalige Leser sofort, dass das ein Eingriff in die Kernkompetenzen Baals ist. Das wird im Text nicht explizit gesagt, wird aber vom Schreiber vorausgesetzt. Hier müssen wir uns aus externen Quellen das nötige Hintergrundwissen aneignen, um den Text besser verstehen zu können. Direkt auf das Alte Testament können wir zurückgreifen, wenn biblische Ereignisse und Erlebnisse mit Gott aus der Geschichte Israels vorausgesetzt werden. Wenn z. B. in 2 Könige 2 Gilgal und Jericho genannt werden und zudem auch noch der Jordan durchquert wird, dann erinnert das alles stark an die guten Anfänge Gottes mit seinem Volk beim Einzug nach Kanaan in Josua 3–6. Ein anderes Beispiel ist der Ort Ekron in 2 Könige 1. Der Leser weiß sofort, dass es sich hier um eine Stadt der Philister handelt (vgl. 1 Sam 5), von wo der König Ahasja Hilfe erwartet. Hilfe von den gottlosen Feinden Israels zu erwarten, disqualifiziert Ahasjas Handeln grundsätzlich.

5. Gott und die Gewalt im Alten Testament

Schon in den ersten Kapiteln des Alten Testaments wird das Thema Gewalt angesprochen. Beginnend mit der ersten Familie ist Gewalt eine Realität im menschlichen Leben. Der Mann herrscht über die Frau. Unter der Herrschaft der Sünde ist er davon geprägt, diese Herrschaft zu seinem Nutzen auszuüben und die Frau zu unterdrücken (1 Mo 3,16). Wenig später breitet sich die Gewalt aus auf das erste Geschwisterpaar: Kain erschlägt Abel (1 Mo 4). Die Urgeschichte, die weniger Einzelfälle als grundlegendes Verhalten und Wesentliches der menschlichen Situation aufzeigen will, macht klar: Nach dem Fall ist die Gewalt Bestandteil des menschlichen Lebens geworden. Das setzt sich im Folgenden fort: Josefs Brüder verkaufen ihn in die Sklaverei. Richter 19 etwa schildert sexuellen Missbrauch gefolgt von Mord. David tut einer Frau sexuelle Gewalt an und lässt anschließend deren Ehemann töten (1 Sam 11). Ähnliches Verhalten ist anschließend innerhalb der Familie Davids zu beobachten (1 Sam 13).

Könige standen besonders in der Gefahr, ihre Herrschaft zu missbrauchen. Innerhalb der Gesellschaft sollten sie für Recht und Ordnung sorgen (Ps 94,15). Jedoch werden häufig die Witwen, Waisen und Fremde unterdrückt (Ps 94,6). In den Elia-Erzählungen finden wir in 1 Könige 21 ein eindrückliches Beispiel für Gewalt und Machtmissbrauch. Hier ist Nabot der königlichen Gewalt ausgesetzt. Selbst die kommunalen Organe setzen der Gewalt nichts entgegen. Was innerhalb des Volkes Israel zu beobachten ist, geschieht auch zwischen den Völkern. Israel leidet unter der Gewaltherrschaft der Ägypter, denen sie als Sklaven dienen. Auf dem Weg nach Kanaan setzen sie sich gewaltsam gegen die Amalekiter und Amoriter durch. Israel soll die Kanaaniter ausrotten – und das im Auftrag Gottes (5 Mo 4). Für einen christlichen Leser des Alten Testaments sind besonders die Passagen brisant, in denen religiös motivierte Gewalt scheinbar oder offensichtlich von Gott legitimiert wird. So tötet Pinehas im Auftrag Jahwes 24 000 Menschen (4 Mo 25,9). Agag wird von Samuel, dem Propheten Jahwes, in Stücke gehauen (1 Sam 15,33). 450 Baalspropheten werden von Elia bis auf den letzten Mann abgeschlachtet, nachdem Jahwe sich als wahrer und einziger Gott erwiesen hatte (1 Kön 18). Warum kann und darf Elia im Namen Gottes Feuer auf Soldaten werfen, sodass sie erbärmlich verbrennen (2 Kön 1)?

Wie lassen sich solche Texte heute verstehen? Was lernen wir über Gott? Inwiefern kann Elia in dieser Hinsicht überhaupt ein Vorbild sein? Wie wenden wir diese Texte heute an?

Auf diese Fragen wird es keine einfache Antwort geben. Ein angemessenes Verstehen setzt voraus, dass der Leser gewillt ist, den Text genau zu lesen und ihn zu Wort kommen zu lassen. Außerdem ist es wichtig, einzelne Texte und Aussagen in ein gesamtbiblisches Bild einzuordnen. Zur Frage der Gewalt im Alten Testament können folgende Hinweise eine Hilfe zum Verständnis bieten.

1. Das Alte Testament deckt die Gewalt auf und drängt sie zurück

Unmittelbar nachdem ein Mensch zum ersten Mal Gewalt anwendet, fällt zum ersten Mal der Begriff Sünde (1 Mo 4,7). Gewalt und Sünde gehen für das Verständnis des Alten Testaments Hand in Hand. Gewalt ruft Gegengewalt und Rache auf den Plan und führt so zu einer unaufhaltsamen Ausbreitung der Gewalt. Gott greift ein, um die Ausbreitung der Gewalt einzudämmen (V. 15): Er sagt dem Mörder Kain seinen Schutz zu. Das Böse und die Gewalt können sich also nicht unbegrenzt ausbreiten. Gott verhindert eine Gewaltausbreitung, in der der Mensch sich selbst komplett zerstört. Nicht jede Gewalt ist von Grund auf verkehrt. Denn es gibt auch unerlässliche Gewaltanwendung, um Machtmissbrauch, Mord und Ausbeutung zu verhindern.

2. Das Alte Testament ermutigt zum Gewaltverzicht

Jahwe selbst leistet „Gewaltverzicht", indem er nach der Sintflut verspricht, nicht noch einmal alles Leben auf Erden zu vernichten, selbst wenn sich am bösen Wesen des Menschen auch nach dem Gericht nichts geändert hat (1 Mo 8,21). Gleichermaßen verschont Gott die Stadt Ninive, obwohl ihre Bosheit vor Gott offenbar ist (Jona 1,2). Der aramäische Feind wird verschont und stattdessen fürstlich bewirtet (2 Kön 6,23). David verzichtet auf Gewaltanwendung gegenüber seinem Feind Saul, der ihm nach dem Leben trachtet (1 Sam 24,5).

3. Das Alte Testament überwindet die Gewalt

Im Kern ist das Alte Testament davon überzeugt, dass Gewalt kein geeignetes Mittel für die Menschheit ist, um an das Ziel zu kommen. Gerade die Propheten zeichnen ein zukünftiges Bild einer Welt, in der Gewalt und Hass überwunden sind. Ziel ist Frieden zwischen Menschen und Völkern mit Gott (Jes 2,4; 11,1-10; 65, 17-25).

4. Gewaltanwendung hat einen heilsgeschichtlichen Rahmen

Israel wurde von Gott als Volk auserwählt, um vor allen Völkern beispielhaft Gottes Wesen und sein Handeln zu bezeugen. In diesem Volk erscheint Gott als heiliger Gott, der auch sein Volk als „heiliges Volk" aus der Menge der Nationen heraushebt. Er erwählt dieses Volk, damit es im von Gott selbst geschenkten Land Gott verherrlichen soll. An diesem Land Kanaan und seiner Bevölkerung ergeht in Gottes Auftrag ein gewaltsames Gericht (vgl. 5 Mo 7; Jos 10–11). Dieses Handeln Gottes gilt es im Gesamtzeugnis des Alten Testaments zu verstehen:

a. Gott gewährt den Amoritern in Kanaan eine lange Zeit der Gnade (1 Mo 15,16).

b. Das Land ist Gottes Eigentum, so wie die ganze Erde Gott gehört. Durch ihre Sünden verunreinigen die Völker das Land Gottes (3 Mo 18,24-28). Sündiges Verhalten trennt von der Gemeinschaft mit dem heiligen Gott.

c. Das Gericht hat als Ziel das Heil. Das Gericht über die Völker bedeutet Heil für Israel, damit Israel wiederum zum Licht und Heil für die Völker werden kann. Auch das (spätere) Gericht an Israel und die (erneute) Reinigung des Volkes haben als Ziel die Heiligung und Heilung aller Völker vor Gott (vgl. Jes 1–2).

d. Gott hat die ganze Erde im Blick. Er ist der Herrscher der ganzen Erde. Wenn Gott ins Land einzieht, dann kann seine Heiligkeit keine sündigen Völker dulden (Jos 3,10-11). Die Heiligkeit Israels in diesem besonderen Land soll ein Vorbild für alle Völker der Erde sein.

e. Gericht und Gewalt sind kein grundsätzliches Mittel, um die Herrschaft einer Nation im Namen Gottes auszubreiten (im Gegensatz etwa zu den Assyrern). Israel ist in Kanaan zu der damaligen Zeit ein Paradigma für alle Völker. Das nimmt Israel in die Pflicht. Damit ist aber nie ein gewaltsamer Expansionskrieg legitimiert.

f. Die Freiheit des Menschen zur gewaltsamen Verwirklichung seiner Ziele engt Gott in der letzten Konsequenz mit Gewalt ein, um die Vorherrschaft der Gewalt zu brechen, da wo sie nicht mehr auf anderweitige Ansprache reagiert. Das ist gleichzeitig erschreckend und tröstend. Erschreckend für den, der sich vor dem lebendigen Gott verantworten muss; tröstlich für den, der aus den Klauen der Gewalt gewaltsam befreit wird.

5. Gewalt bei Boten Gottes

Auch bei einzelnen Menschen oder ganzen Völkern, die Gott besonders erwählt, damit sie in seinem Sinn handeln, müssen wir damit rechnen, dass sich in die Ausführung des Willens Gottes durch seine Erwählten auch persönliche Motive gemischt haben können. So stellt sich im Hinblick auf Elia die berechtigte Frage, ob die Tötung der Baalspropheten wirklich so von Gott gewollt war. Elia und das Volk mögen das als Auftrag Gottes so verstanden haben, jedoch formuliert 1 Könige 18 dies explizit so nicht. Ähnliches wäre für 2 Könige 1 zu fragen, ob Elia hier nicht aus Angst vor den Soldaten seine Autorität als Prophet Gottes missbraucht, indem er Feuer sendet, um sie zu vernichten. – Jesus zeigt später ganz klar einen anderen Weg: In Lukas 9,51-56 wollen die Jünger genauso wie Elia Feuer vom Himmel gegen Menschen senden, die Jesus die Gastfreundschaft verweigern.

Aber Jesus ergreift dieses Mittel nicht, sondern weist seine Jünger scharf zurecht.

6. Gott und Gewalt

Das Alte Testament bezeugt und schildert die gute Herrschaft Gottes als des Königs dieser Welt, aller Völker und jedes einzelnen Menschen. Er ist ein guter Herrscher, der alles Gute und Notwendige tut, um diese Schöpfung zu erhalten. Der Mensch als Ebenbild Gottes ist eingebunden in diese Herrschaft als Gottes Stellvertreter. Wo der Mensch Herrschaft ausübt, tut er das nie aus sich heraus. Ergreift der Mensch aber selbst die Initiative losgelöst von Gott, so steht er in Gefahr, sich auf gewaltsame Wege der Herrschaft und Unterdrückung der Menschen zu begeben. Gott wird sich seine Herrschaft jedoch nie streitig machen lassen, weil er tatsächlich das Gute für die Welt durchsetzen wird. Gewaltsame Herrscher wie Ahab und Isebel müssen das in letzter Konsequenz spüren (1 Kön 21), weil sie ihre Herrschaft gewaltsam auf Kosten anderer Menschen durchsetzen (vgl. 1 Kön 18,4.13).

Gott und die Politik

1 KÖNIGE 16,29-34

EINSTIEG
(15–20 Minuten)
Wählen Sie bitte eine oder zwei Fragen aus.

1. Was hat Ihre Landes- und Bundesregierung Ihrer Meinung nach in den letzten Jahren an Gutem und Hilfreichen auf den Weg gebracht?

2. Welche Anliegen der Bevölkerung werden in der Politik viel zu wenig beachtet?

3. Nach welchen Kriterien beurteilen Sie Politiker? Wer macht auf Sie einen kompetenten und zugleich integeren Eindruck?

Steckbrief König Ahab

²⁹ Ahab, der Sohn Omris, wurde Könige von Israel im 38. Regierungsjahr König Asas von Juda. Er regierte zweiundzwanzig Jahre in Samaria. ³⁰ Auch Ahab tat, was der Herr verabscheute, noch schlimmer als alle seine Vorgänger. ³¹ Nicht genug, dass er wie Jerobeam, der Sohn Nebats, am Götzendienst festhielt; er ging noch weiter und heiratete Isebel, die Tochter König Etbaals von Sidon. Er verehrte ihren Götzen Baal und betete ihn an. ³² Ja, er baute ihm in Samaria sogar einen Tempel mit einem Altar. ³³ Auch für die Göttin Aschera errichtete Ahab eine Statue. Mit allem, was er tat, schürte er den Zorn des Herrn, des Gottes Israel, so sehr wie kein anderer israelitischer König vor ihm. ³⁴ Während der Regierungszeit Ahabs baute Hiel aus Bethel die Stadt Jericho wieder auf. Als das Fundament gelegt wurde, starb sein ältester Sohn Abiram, und als er die Stadttore einsetzte, verlor er Segub, seinen jüngsten Sohn. So traf ein, was der Herr damals durch Josua, den Sohn Nuns, angedroht hatte.

BIBELGESPRÄCH
(30–40 Minuten)
Wählen Sie ggf. unter den Fragen aus.

1. Nach welchen Kriterien wird König Ahab beurteilt?

2. Welche Vergehen werden ihm konkret vorgehalten?

3. Was verbindet die Taten Ahabs (V. 30-33) mit denen Hiels (V. 34)?

4. Warum wird hier betont, dass „eintraf, was der Herr damals durch Josua … angedroht hatte" (vgl. V. 34 mit Jos 6,26)?

AUSTAUSCH
(15–30 Minuten)

Wählen Sie ggf. unter den Fragen aus. Sie können das Gespräch mit einem gemeinsamen Gebet abschließen, in dem Sie auf mögliche Fragen und Anliegen Bezug nehmen, die im Gespräch deutlich geworden sind. Fragen, die nicht in der Gruppe thematisiert werden, können Ihnen auch als Anstoß dienen, zu Hause den Text vertiefend zu betrachten.

1. Welche Wege gibt es, an verlässliche Information in Sachen Politik zu kommen?
2. Welche destruktiven Maßstäbe scheinen bei bekannten Politikern weltweit vorzuherrschen? Kennen Sie konkrete Beispiele?
3. Kennen Sie christliche Politiker? Wie erleben diese Menschen ihre Verantwortung für Städte, Länder und Volksgruppen?
4. Wo hat Gott – Ihrer Meinung nach – in der Politik bisher eingegriffen?
5. Beten Sie für Christen in Ihrer Stadt! Sie brauchen Durchblick, Mut und Geduld von Gott.

Erläuterungen

Struktur des Textes:
Die Einführungen zu den Königen Israels und Judas verlaufen in den Königebüchern recht schemenhaft. Besonders auffällig sind jedoch die kurzen, wenn auch entscheidenden Zusatzinformationen, die in diesem Fall im Mittelteil dieser Verse auftauchen:
- V. 29 Zeitliche Einordnung der Herrschaft Ahabs
  - V. 30 Pauschale Beurteilung Ahabs
    - V. 31ab Grundlage für die Sünden Ahabs: Mehr als die Sünden Jerobeams, er nimmt Isebel zur Frau.
    - V. 31c-33a Auswirkungen der Sünden Ahabs: Er verehrt Baal.
  - V. 33b Pauschale Beurteilung Ahabs
- V. 34 Zeitliche Einordnung der Taten Hiels während der Herrschaft Ahabs

V. 29. Ahab, der Sohn Omris. Im Jahre 922 v. Chr. teilt sich das Reich Salomos in ein Südreich mit Rehabeam als König und ein Nordreich unter der Herrschaft Jerobeams. Dieser Jerobeam herrscht 22 Jahre (1 Kön 12-14). Sein Sohn und Nachfolger Nadab wird schon nach zwei Jahren von Bascha erschlagen (15,25-31). Dieser übernimmt den Thron und regiert 24 Jahre (15,33-16,7). Nach einer instabilen und politisch turbulenten Zeit mit sehr kurzen Regierungszeiten der Könige Ela, Simri und Tibni (16,8-22) kommt schließlich Omri auf den Thron. Er gibt dem Nordreich in seiner zwölfjährigen Herrschaftszeit wieder Stabilität und gründet Samaria als Hauptstadt des Reiches (16,23-28). Sein Sohn Ahab kann 22 Jahre lang die Macht weiter ausbauen. Durch die Heirat mit Isebel unterstreicht er die guten wirtschaftlichen und politischen Verbindungen zu den Handelsmächten Tyrus und Sidon. Außerdem hat Ahab seine militärische Kampfkraft erweitert. Gemäß außerbiblischer Quellen ist bekannt, dass Ahab in einer antiassyrischen Koalition (mit Hamath, Damaskus, Arwad, Arabien) 853 v. Chr. die Westwärtsbewegung der mächtigen Assyrer zumindest aufhalten konnte. Ahab steuerte hier immerhin die Hälfte der Streitwagen bei.

V. 32. Isebel, die Tochter König Etbaals aus Sidon. Sidon war eine wichtige Handelsstadt der Phönizier. Wie an einer Perlenkette aufgereiht lagen die phönizischen Städte am östlichen Mittelmeerrand. Das Gebiet umfasst grob eine Länge von 300 Kilometern vom nördlichen Küstengebiet Israels über den Libanon bis hin nach Syrien. Die wichtigsten Städte waren Tyrus, Sidon, Byblos und Arados (von Süden nach Norden). Die Macht dieser Städte kam nicht durch militärische Ausbreitung zustande, sondern lag in ihrem enormen wirtschaftlichen Einfluss, der sich (mindestens) bis in das heutige Spanien, den arabischen Raum und bis hin an die Küste Ostafrikas erstreckte. Seit dem 1. Jahrhundert

v. Chr. war Tyrus die beherrschende phönizische Metropole; zweigrößte Stadt war Sidon. Die Beziehungen zu Tyrus und Sidon waren schon zur Zeit Davids und Salomo sehr intensiv, sodass im Rahmen eines politischen Vertrags die wirtschaftlichen Beziehungen weiter ausgebaut wurden (1 Kön 5,15-26). Etbaal, der König von Sidon, und Ahab, der König von Israel, greifen also auf eine Tradition der guten Beziehungen dieser beiden Länder zurück. Um die Beziehungen zweier Länder zu stärken, kam es vermehrt zur Heirat innerhalb der betreffenden Königshäuser (so z. B. Salomo und die Tochter des Pharao in 1 Kön 3,1). Gefährlich wird es eben dann, wenn mit der politischen Bindung auch eine geistliche Komponente hinzukommt, mit der Israel die andere Religion innerhalb der Herrschaftsausübung installiert. Insbesondere bei Salomo wird dieser Sachverhalt angeprangert, der z. B. mit der Aufnahme der sidonischen Prinzessin auch die Göttin der Sidonier anbetet (1 Kön 11,4f). Gleiches erkennt man nun hier bei Ahab.

V. 33. Baal. Baal als Gottheit war in Israel und seiner Umwelt allen bekannt. Der Baalsglaube gehörte schon zum Glauben der Kanaanäer, als Israel in das verheißene Land einzog. Baal gehörte praktisch selbstverständlich zur Religion, Kultur und Gesellschaft. Denn er gab dem Leben, Arbeiten und Glauben einen Sinn. Als Wettergott war Baal maßgeblich am Gelingen des Lebens beteiligt. Von ihm erwarteten die Kanaanäer den Regen, der für die Fruchtbarkeit des Landes verantwortlich war. Für Wachsen und Gedeihen im Jahreszyklus der Landwirtschaft war die Macht Baals unentbehrlich. Möglicherweise erkannte man in einer Dürre die Ohnmacht oder sogar den Tod Baals. Mit dem Eintritt des Regens wurde dann aber nicht nur die Vegetation, sondern auch die Macht Baals erneuert. Dieser Glaube bedeutet jedoch eine direkte Infragestellung des Anspruches des Gottes Israels. Denn Gott (Jahwe) ist der Versorger des Volkes und des Landes. Wenn Ahab nun quasi offiziell Baal anbetet, ist letztlich kein Platz mehr für Jahwe da. Unterhalb Baals stellten sich die Menschen zwar noch viele andere Götter vor. Jahwe möchte sich jedoch nicht einfach als ein Gott unter vielen einreihen lassen. Daher rüttelte die Verehrung Baals durch den König Israels als erwähltes Volk Gottes an den Grundfesten des Glaubens in Israel!

V. 32. Haus des Baal. Der Tempel einer Gottheit ist in erster Linie nicht der Ort des Gottesdienstes, sondern ist als irdischer Palast der himmlischen Herrschaft der Gottheit zu verstehen. Ahab baut also nicht ein „Gemeindehaus" für Baal, wo er ab und zu hingeht, um Baal anzubeten. Das Haus des Baal in Samaria bedeutet vielmehr die Herrschaft dieser Gottheit in der Hauptstadt Israels. In der Götterwelt stellte man sich vor, dass Baal die anderen Götter besiegt hat und mit dem Bau des Palastes auch zeigt, dass seine Herrschaft nun festen Bestand hat. Wenn nun Ahab dieser Gottheit einen Tempel baut, dann konnte dieser Gott dem König auch Sicherheit für die Königsherrschaft garantieren. Mit dieser Handlung zeigt Ahab also, dass er nicht von Jahwe selbst den Bestand seiner Dynastie erbat, sondern seine Hoffnung ganz auf Baal setzte.

V. 33. Aschera. Im Glauben vieler Menschen damals in Israel und Umgebung hatten verschiedene Göttinnen ihren Platz. Hier erscheint Aschera als Gattin des obersten Gottes Els. Mit dem Aufstieg Baals könnte zusammenhängen, dass schließlich Baal als führende Gottheit verehrt worden ist und somit Aschera dessen Gemahlin war (vgl. 1 Kön 18,19). Der Hinweis in V. 33 lässt auch die Deutung zu, dass hier von einem Kultobjekt im Tempel Baals die Rede ist. Demnach könnte es sich um einen hölzernen Pfahl handeln, der die Bedeutung der Aschera als Göttin der Fruchtbarkeit widerspiegelt. In alten außerbiblischen Inschriften (*Kuntillet 'Aǧrūd*) ist ferner von „Jahwe und seiner Aschera" die Rede. Vielleicht gingen Menschen in Israel sogar so weit, dass sie in ihrem Glauben auch Jahwe eine Gemahlin zuordnen wollten. Gott stellt sich jedoch im Alten Testament unabhängig von anderen Göttern oder Göttinnen vor. Gott sprengt hier unsere Vorstellungen von Beziehung. Er geht mit ungeteilter Liebe auf Israel zu. In dieser Beziehung gilt Gott die uneingeschränkte Anbetung – ganz ohne Aschera und Baal.

V. 34. Hiel. Hiel, der Betheliter, baut Jericho wieder auf. Für seinen Bau verliert er aber seine beiden Söhne. Dieser Sachverhalt wird mit dem Fluch aus Jos 6,26 verbunden, der sich mit der Tat Hiels nun erfüllt hat. Josua hatte schwören lassen, dass derjenige, der Jericho wieder aufbaut, verflucht sei und dafür seinen erstgeborenen und seinen jüngsten Sohn verliert. Diese Ereignisse geschehen „während der Regierungszeit Ahabs" in V. 29-33. Von Hiel und Ahab wird berichtet, dass sie beide „bauen" (V. 32 + 34). Brisant ist, dass ihre Bauten gegen den Willen Gottes gerichtet sind: Ahab „baut" einen Tempel für Baal und Hiel „baut" Jericho wieder auf. In Jos 6 steht die Eroberung Jerichos beispielhaft für das Gericht an der kanaanäischen Bevölkerung. Wenn nun aber in 1 Kön 16,34 berichtet wird, dass dieses Jericho wieder aufgebaut wird, entsteht eine extreme theologische Spannung. Denn die Landgabe Gottes mit den damit verbundenen Verheißungen wird durch den Bau Jerichos zumindest geistlich rückgängig gemacht. Schließlich wird durch die Gegenüberstellung von Ahab und Hiel diese Abwendung von Gott auch Ahab vorgehalten, der mit der offiziellen Einführung Baals die Religion vor der Landnahme bestätigt. V. 34 zeigt nun, dass der Fluch Josuas, der nach so langer Zeit bei Hiel eingetroffen ist, auch über Ahab hereinbrechen wird. Dieses Gericht wird umfassend sein, was durch die Darstellung bei Hiel verdeutlicht wird. **Als das Fundament gelegt wurde ... und als er die Stadttore einsetzte.** Diese Beschreibung umfasst den ersten und den letzten Schritt beim Bau eines Gebäudes oder einer Stadt. Damit ist der gesamte Bauprozess beschrieben. Er steht parallel zur Gesamtheit des Preises, den Hiel mit dem ältesten und dem jüngsten Sohn zahlen muss. Die Nachkommen Ahabs und seine Familie als Ganzes werden demnach wie Hiel unter den Fluch Jahwes gelangen und vertilgt werden. Der Verlauf der Elia- und der Jehu-Erzählung zeigt später, dass auch Ahab zwei Söhne im Namen Jahwes verliert (2 Kön 1 und 9). Diese Söhne waren ebenfalls aktiv in den Baalskult verwickelt. Damit spannt 1 Könige 16,34 den Bogen weiter, der mit der Herrschaft Omris und Ahabs begonnen wurde.

2 Grundkurs Gehorsam

1 Könige 17,1-7

EINSTIEG
(15–20 Minuten)
Wählen Sie bitte eine oder zwei Fragen aus.

1. Welche Erlebnisse und Emotionen verbinden Sie mit dem Begriff „Gehorsam"?

2. Haben Sie bestimmte Prinzipien, die wegweisend und prägend für Ihr Leben sind? Welche?

3. Woran orientieren Sie sich, wenn Sie unter Druck geraten?

Elia muss fliehen

17 [1] Der Prophet Elia aus Tischbe in Gilead sagte eines Tages zu König Ahab: „Ich schwöre bei dem Herrn, dem Gott Israels, dem ich diene: Es wird in den nächsten Jahren weder Regen noch Tau geben, bis ich es sage!" [2] Danach befahl der Herr Elia: [3] „Du musst fort von hier! Geh nach Osten, überquere den Jordan, und versteck dich am Bach Krit! [4] Ich habe den Raben befohlen, dich dort mit Nahrung zu versorgen, und trinken kannst du aus dem Bach." [5] Elia gehorchte dem Herrn und versteckte sich am Bach Krit, der von Osten her in den Jordan fließt. [6] Morgens und abends brachten die Raben ihm Brot und Fleisch, und seinen Durst stillte er am Bach. [7] Nach einiger Zeit vertrocknete der Bach, denn es hatte schon lange nicht mehr geregnet.

BIBELGESPRÄCH
(30–40 Minuten)
Wählen Sie ggf. unter den Fragen aus.

1. Warum tritt Elia gegenüber König Ahab so entschlossen auf (vgl. 1 Kön 16,29-33)?

2. Welcher geistliche Aspekt steht hinter dem Ausbleiben von Regen und Tau?

3. Wie hängen in V. 2-6 die Anordnungen Gottes und der Gehorsam Elias zusammen?

4. In welcher Weise wird die Erfüllung der Versprechen Gottes in V. 2-6 betont?

AUSTAUSCH
(15–30 Minuten)

Wählen Sie ggf. unter den Fragen aus. Sie können das Gespräch mit einem gemeinsamen Gebet abschließen, in dem Sie auf mögliche Fragen und Anliegen Bezug nehmen, die im Gespräch deutlich geworden sind. Fragen, die nicht in der Gruppe thematisiert werden, können Ihnen auch als Anstoß dienen, zu Hause den Text vertiefend zu betrachten.

1. Wären Sie bereit, sich wie Elia mit den Mächtigen anzulegen? Könnte Gott das auch heute von Christen fordern?

2. Kennen Sie ermutigende Beispiele von Christen aus Ihrem Umfeld, die auch angesichts von Schwierigkeiten versuchten, dem Willen Gottes entsprechend zu leben?

3. Welche Motive haben Sie, wenn Sie Gott gehorsam sind?

4. Wo erleben Sie Vorbehalte oder Unsicherheiten, wenn es darum geht, einem Gebot Gottes zu folgen? Wann fällt Gehorsam Ihnen schwer?

5. Welche Möglichkeiten Gottes ergeben sich, wenn der Mensch seinen Weisungen folgt?

6. Beten Sie füreinander um Kraft und Mut zum Gehorsam!

Erläuterungen

Struktur des Textes:
Der Textaufbau in 1 Könige 17,1-7 weist uns einen Weg, wie wir die Botschaft des Textes nachvollziehen können. Den Rahmen des Textes bildet der „Regen", der an das Wort Elias gekoppelt wird und dann auch tatsächlich ausbleibt (V. 1 + 7). Innerhalb dieses Rahmens richtet sich das Wort Gottes an Elia und zielt auf eine Reaktion des Propheten (V. 2 + 5). Parallel dazu wird die Verheißung der Versorgung gegeben, die sich dann auch für Elia erfüllt (V. 4 + 6).

A   Ankündigung Elias: Es wird weder Regen noch Tau im Land geben. (V. 1)
    B   Gottes Befehl an Elia: Geh zum Bach Krit! (V. 2)
        C   Gottes Verheißung: Elia wird versorgt werden. (V. 4)
    B' Elia geht nach dem Befehl Gottes zum Bach Krit. (V. 5)
        C' Erfüllung der Verheißung: Elia ist versorgt. (V. 6)
A' Resultat: Der Bach vertrocknet, denn es hat lange keinen Regen gegeben. (V. 7)

V. 1. Der Prophet Elia. In der Bedeutung des Namens „Elia" wird die Brisanz deutlich, mit der dieser Vers in die folgende Erzählung einsteigt. In der vorangegangen Einführung wurde gezeigt, dass Ahab und seine Frau Isebel sich voll und ganz dem Gott Baal verschrieben haben (16,31-33). Nun tritt ein Prophet vor Ahab auf, der mit seinem hebräischen Namen „Elijahu" bekennt: „Jahwe ist mein Gott!" Was für eine Kampfansage, angesichts der Tatsache, dass dieser „Elijahu" natürlich im Namen Jahwes auftritt und das Aussetzen des Regens vor Ahab bekannt gibt! Vom ersten Auftreten Elias an steht die Frage im Raum: Was wird Baal dazu sagen? „**Ich schwöre bei dem Herrn, dem Gott Israels, dem ich diene.**" Elia ist ein Knecht des Gottes Israels. Er steht praktisch vor Gott und wartet als Diener auf dessen Befehle. Der Schwur ist also keine Idee Elias. Auch will Elia sich damit nicht eigennützig der Kraft Gottes bedienen, sondern der Schwur fußt auf den Fluch- und Segenstexten des Gesetzes. So spricht 3 Mo 26,17-20 davon, dass Gott den Himmel verschließen wird, wenn Israel in permanenter Sünde lebt: „Ich selbst werde mich gegen euch wenden … Wenn ihr dann immer noch nicht auf mich hört, werde ich euch noch härter für eure Sünden bestrafen … Ich lasse es nicht mehr regnen;

der Himmel über euch wird verschlossen sein, als wäre er aus Eisen, und der Ackerboden hart wie Stein." Auch Salomo geht in seinem Gebet in 1 Kön 8,35f davon aus, dass das Ausbleiben des Regens Gottes Reaktion darauf ist, dass sein Volk ihn verlassen hat. Das Ausbleiben von Regen und Tau ist also eine Warnung Gottes. Wenn die Israeliten zu Gott und seinen Weisungen zurückkehren, so wird Gott auch wieder Regen auf das Land geben. Der geistliche Zustand des Volkes unter der Herrschaft Ahabs zeigt aber, dass dieser König mehr als alle Könige vor ihm gesündigt hat (16,30). Man könnte auch sagen: Die Dürre im Glauben der Israeliten spiegelt sich in der Dürre des Bodens wider. Daher ist es vom Bund Gottes her nur folgerichtig, wenn Elia verkündigt: „Es wird in den nächsten Jahren weder Regen noch Tau geben!" **Regen und Tau.** Das Ausbleiben des Regens zeigt nicht nur den Bundesbruch Israels gegenüber Jahwe, sondern ist auch ein Angriff auf den Baalsglauben, dem sich Ahab verschrieben hat. Offensichtlich setzt der Text die Kenntnis über den Baalskult voraus. Nach der Darstellung außerbiblischer Texte im Küstengebiet nördlich von Israel ist Baal für Regen, Tau und die daraus resultierende Fruchtbarkeit verantwortlich. Damit verbunden sind auch Baals Feuer (Blitz) und seine Stimme (Donner) als Vorboten des Regens. Dass Elia im Namen Jahwes den Regen zurückhält, fordert Baals eigentliche Macht und Aufgabe als Wettergott heraus. Mit der Aussage Elias baut sich nun ein Spannungsbogen auf, ob es tatsächlich erst auf das Wort Elias hin wieder regnen würde. Von Baal wurde in Kanaan generell erwartet, dass er als Vegetationsgott jährlich erschien, um nach der Trockenheit für den nötigen Regen zu sorgen. Jedoch hält die Dürre nach 1 Kön 18,1 drei Jahre an. Damit hat Baal bereits eine Niederlage erlitten. Er war nicht in der Lage, jährlich für Regen zu sorgen. Vor dem Hintergrund der Ohnmacht Baals, die in der Dürre verdeutlicht ist, wird nun in Kapitel 17 umso klarer herausgestellt, wie Jahwe – im Gegensatz zu Baal – für Elia und die Witwe in Zarpat sorgt (V. 8ff). Das Wort Jahwes ist das Wort, dem Elia gehorcht. Baal hat dieser Dürre und dem Auftreten Elias offensichtlich nichts entgegen zu setzen.

V. 2. danach befahl der Herr. Wörtl. eher: „Das Wort des Herrn geschah zu Elia". Die Wendung wiederholt sich auch in **V. 5.: Elia gehorchte.** Wörtl. eher: „Er tat nach dem Wort des Herrn." Neben der Wendung „Wort des Herrn" wird auch das Verb „gehen" und die Beschreibung des Aufenthaltsorts am Bach Krit wiederholt. Offensichtlich werden durch die wörtliche Wiederholung die Zuverlässigkeit des Wortes Jahwes und gleichzeitig der konkrete Gehorsam Elias betont. Die Elberfelder Bibel übersetzt entsprechend V. 2f: „Und es geschah das Wort des Herrn zu ihm: Geh von hier fort, wende dich nach Osten und verbirg dich am Bach Krit, der vor dem Jordan ist!" V. 5: „Da ging er und tat nach dem Wort des Herrn: Er ging hin und blieb am Bach Krit, der vor dem Jordan ist."

V. 3 + 5. Bach Krit, östlich des Jordans. Bisher ist die genaue Lokalisierung des Baches Krit nicht möglich gewesen. Klar ist: Der „Bach" (Hebr. *nachal*) ist ein kleinerer Wasserstrom, der von der Wassermenge her als Zufluss zu einem Hauptstrom (Fluss) anzusehen ist, in dem Fall der Jordan. Ein *nachal* kann aber auch im deutschen Sprachgebrauch einem Wadi entsprechen. Dieser Krit trocknet also regelmäßig während einer trockenen Phase aus. Denn die Erklärung „östlich des Jordans" unterstreicht die Bedeutung und Brisanz der Worte Jahwes. Der Bach Krit entspringt wahrscheinlich im ostjordanischen Bergland und mündet schließlich in den Jordan. Das Hochland westlich des Jordans bekommt etwas mehr Niederschläge als das Pendant östlich des Jordans (wo der Krit anzusiedeln ist). Nachdem im Winter der Großteil der Niederschläge gefallen ist, ist es im Sommer nur eine Frage der Zeit, dass die Zuflüsse des Jordans versiegen werden. Tendenziell wird das für die ostjordanischen Zuflüsse auch noch eher der Fall sein als für die Zuflüsse aus dem westjordanischen Bergland. Dem Leser wird also die Unsicherheit bekannt sein. Als Quelle einer andauernden Versorgung mit Wasser wird der Krit gewiss nicht die erste Adresse in Israel gewesen sein! Aber Elia gehorcht trotzdem. Gefühlsmäßig wird der Name „Krit" auch nicht unbedingt die Stimmung Elias gehoben haben. Denn der Name kommt von der hebräischen Wurzel (*krt*), was mit „abschneiden" oder „ausrotten" in Verbindung gebracht werden kann. Wird dort Elia das Wasser „abgeschnitten"? Wird er dort vielleicht sogar von Isebel „ausgerottet", so wie das anderen Propheten Jahwes drohte (vgl. 1 Kön 18,4 mit der gleichen Wurzel *krt*)? Die Wiederholung der Worte „Bach Krit, der vor dem Jordan liegt" (oder „östlich des Jordans") unterstreicht wiederum die Zuverlässigkeit der Worte Jahwes, dem Elia gehorsam ist. Trotz aller Bedrohungen macht er sich auf und gehorcht Gott bis ins Detail!

V. 4 + 6. Brot und Fleisch. Die treue Versorgung durch Gott steht hier im Vordergrund. Gott kündigt genau an, wie er Elia versorgen wird. Und dieser Plan geht auch auf: Gott *befiehlt* den Raben, Elia zu *versorgen* (V. 4). Auf diese Worte Gottes ist Verlass, denn sie treten genau so auch ein (V. 6). Ebenso „funktioniert" das auch in der anschließenden Szene. Dort *befiehlt* Gott der Witwe, Elia zu *versorgen*, und genau so tritt es schließlich auch ein (V. 16). In der Begebenheit am Krit wird die vollkommene Versorgung durch Gott mit der Erklärung hervorgehoben, dass die Raben Elia Brot und Fleisch abends und morgens brachten. Die Elberfelder- oder Luther-Übersetzung bringen die Aussage des hebräischen Grundtextes noch klarer zum Ausdruck. Denn es wird ausdrücklich „Brot und Fleisch am Morgen" und ebenso „Brot und Fleisch am Abend" gebracht. Gott versorgt also für den ganzen Tag, von morgens bis abends. Ferner reicht Gott Elia jeweils eine reichhaltige Mahlzeit – eben Brot und Fleisch. Dieses Wortpaar erinnert an die Fürsorge Gottes, die das Volk Israel während der Wüstenwanderung erlebt hat. In 2 Mo 16,8-12 kündigt Gott die Versorgung durch Fleisch am Abend und Brot am Morgen an. Konkret erlebt Israel dies anschließend in Form von Wachteln am Abend und Manna am Morgen (V. 13). Ebenso erfährt nun Elia, wie Gott ihn während der Dürrezeit allumfassend versorgt. **Raben.** Raben galten in Israel als unreine Tiere und durften daher nicht gegessen werden (3 Mo 11,15). Zudem bevölkerten sie neben anderen Tieren verwüstete Gebiete nach dem Gericht Gottes (Jes 34,11). Neben diesem negativen Image zeigt das Alte Testament jedoch auch den Raben als Beispiel für besondere Fürsorge des Schöpfers: Gott versorgt, neben anderen Tieren, auch das nimmer satte Rabenjunge (Ps 147,9; Hi 38,41). Positiv gebraucht dann Gott auch die Raben als Werkzeuge zur Sättigung des Propheten. Möglicherweise hätte ein Israelit von einem Raben erwartet, dass er alle Nahrung für sich selber braucht; Gott jedoch dreht hier die Verhältnisse um und befiehlt ihnen, Elia mit Brot und Fleisch zu beliefern. Im Normalfall hätten sie die Beute – einmal im Schnabel – freiwillig nicht wieder hergegeben.

3 Vorbildlicher Glaube

1 KÖNIGE 17,8-16

EINSTIEG
*(15–20 Minuten)
Wählen Sie bitte
eine oder zwei
Fragen aus.*

1. Sind Sie schon einmal bewusst auf eine Situation zugegangen, von der Sie selbst nicht viel Gewinn erwarten konnten, sondern nur andere?

2. Was tun Menschen, wenn sie in lebensbedrohlichen Situationen sind? Kennen Sie konkrete Beispiele?

3. Welche Vorbilder hatten Sie in Ihrer Kindheit? Was hat Sie an diesen Personen fasziniert?

Die Versorgung der Witwe in Zarpat
⁸ Da sagte der Herr zu Elia: ⁹ „Geh nach Phönizien in die Stadt Zarpat, und bleib dort! Ich habe einer Witwe den Auftrag gegeben, dich zu versorgen." ¹⁰ Sogleich machte Elia sich auf den Weg. Am Stadtrand von Zarpat traf er eine Witwe, die gerade Holz sammelte. Er bat sie um einen Becher Wasser. ¹¹ Als sie davoneilte und das Wasser holen wollte, rief er ihr nach: „Bring mir bitte auch ein Stück Brot mit!" ¹² Da blieb die Frau stehen und sagte: „Ich habe keinen Krümel Brot mehr, sondern nur noch eine Hand voll Mehl im Topf und ein paar Tropfen Öl im Krug. Das schwöre ich bei dem Herrn, deinem Gott. Gerade habe ich einige Holzscheite gesammelt. Ich will nun nach Hause gehen und die letzte Mahlzeit für mich und meinen Sohn zubereiten. Danach werden wir wohl verhungern." ¹³ Elia tröstete sie: „Hab keine Angst, so weit wird es nicht kommen! Geh nur und tu, was du dir vorgenommen hast! Aber back zuerst für mich einen kleinen Brotfladen, und bring ihn mir heraus! Nachher kannst du für dich und deinen Sohn etwas zubereiten. ¹⁴ Denn der Herr, der Gott Israels, verspricht dir: ‚Das Mehl in deinem Topf soll nicht ausgehen und das Öl in deinem Krug nicht weniger werden, bis ich, der Herr, es wieder regnen lasse.'" ¹⁵ Die Frau ging nach Hause und tat, was Elia ihr gesagt hatte, und tatsächlich hatten Elia, die Frau und ihr Sohn Tag für Tag genug zu essen. ¹⁶ Mehl und Öl gingen nicht aus, genau wie der Herr es durch Elia angekündigt hatte.

BIBELGESPRÄCH

*(30–40 Minuten)
Wählen Sie ggf.
unter den Fragen
aus.*

1. Vergleichen Sie den Beginn des Abschnitts (V. 7-10) mit V. 2-5 (vgl. Einheit 2)! Welche Ähnlichkeiten fallen Ihnen auf?

2. Welche Assoziationen weckt die Erwähnung von „Phönizien" (vgl. 1 Kön 16,31-33)?

3. Versuchen Sie die beiden Ereignisketten V. 10-12a und V. 12b-16 nachzuvollziehen! Welche Aspekte des Textes steigern die Dramatik ab V. 12a-16?

4. Welche Rolle spielt das Reden Gottes in diesem Abschnitt (vgl. V. 8.14.16)?

5. Wie fordert Elia den Glauben der Witwe heraus, sodass sie schließlich selbst im Vertrauen auf Gott handeln kann (vgl. V. 12a.13a.14a.16)?

AUSTAUSCH

(15–30 Minuten)

Wählen Sie ggf. unter den Fragen aus. Sie können das Gespräch mit einem gemeinsamen Gebet abschließen, in dem Sie auf mögliche Fragen und Anliegen Bezug nehmen, die im Gespräch deutlich geworden sind. Fragen, die nicht in der Gruppe thematisiert werden, können Ihnen auch als Anstoß dienen, zu Hause den Text vertiefend zu betrachten.

1. Welche Glaubensschritte sind Sie schon mehr als einmal gegangen? Was haben Sie in diesen Phasen über das Vertrauen auf Gott gelernt?

2. Gibt es Situationen in Ihrem Leben, in denen Sie zu einem neuen Glaubensschritt herausgefordert sind?

3. Welche Personen fallen Ihnen ein, die Ihnen zu einem Vorbild im Glauben geworden sind?

4. Beten Sie um Glaubenswachstum für jedes einzelne Mitglied Ihres Bibelgesprächskreises!

Erläuterungen

Struktur des Textes:
In dem Abschnitt 1 Kön 17,8-16 ist ein paralleler Aufbau erkennbar. Die Abfolge mit drei Punkten aus V. 10b bis 12a erfährt ihre Entsprechung in der Dreier-Reihe in V. 12b-16.
Einleitung: Jahwes Wort an Elia: Er soll nach Zarpat gehen. Dort wird ihn eine Witwe versorgen. (V. 8-10a)
- A Elia trifft die Witwe beim Holzsammeln. (V. 10b)
- B Elia sagt ihr, dass sie ihm Wasser und Brot bringen soll. (V. 10c-11)
- C So wahr der HERR dein Gott lebt: wenig Mehl und Öl (V. 12a)
- A' Die Witwe sammelt gerade Holz, um sich und ihrem Sohn etwas zuzubereiten, bevor sie dann erwartet zu sterben. (V. 12b-d)
- B' Elia sagt der Witwe, dass sie zuerst ihm einen Brotfladen machen soll, danach dem Sohn und sich selbst. (V. 13)
- C' Jahwes Wort durch Elia wird erfüllt. Sie werden dadurch versorgt, dass Mehl und Öl nicht ausgehen. (V. 14-16)

Die einleitenden Verse (V. 8-10a) greifen auf den vorherigen Abschnitt zurück: Es wird beschrieben, wie Gott einen Befehl erteilt und eine Verheißung ausspricht. Daran schließt sich der Gehorsam Elias an. Der genaue Ablauf wird nun ab V. 10ff detailliert in einem parallelen Aufbau entfaltet: In ABC (V. 10b-12a) wird eine Grundlage für das Wirken Gottes durch Elia gelegt:
Elia trifft die Witwe zuerst beim Holzsammeln (A).
Dann sagt er ihr, dass sie ihm Brot und Wasser bringen soll (B).
Die Witwe antwortet aber mit Berufung auf Jahwe, dass sie nur noch sehr wenig Mehl und Öl zur Zubereitung der Mahlzeit zur Verfügung hat (C).
Entsprechend dieser Reihenfolge erscheinen die Elemente A'B'C'. Die anfangs beschriebene Notlage wird von Gott und seinem Propheten konkret aufgegriffen, ja sogar noch gesteigert, um dann aber in die wunderbare Versorgung Jahwes am Ende der Szene zu münden:
In A' zeichnet sich ab, dass es die letzte Mahlzeit sein wird. Die Witwe – zusammen mit ihrem Sohn – geht hoffnungslos dem Hungertod entgegen. Eine ganze Familie ohne Nachkommen wird aussterben.
Auch in B' erfolgt eine ähnliche Zuspitzung. Gegenüber B bittet Elia in B' sogar ausdrücklich darum, zunächst ihm einen Brotfladen zuzubereiten. Danach mögen die Witwe und ihr Sohn essen.
Diese Spannung löst sich erst in C' auf: Dieser Gott Elias, auf dessen Namen die Witwe sich berufen hatte ©, schafft in C' tatsächlich das Wunder: Öl und Mehl geht nicht aus bis zu dem Tag, an dem Gott Regen geben wird. Damit steht am Schluss eine vollkommene Versorgung Elias und der Witwe mit ihrem Sohn.
Wie schon in 17,1-7 zeigt sich, dass Gottes Wort sich erfüllt. War es in der ersten Szene Elia, der den Gehorsam lernte, so ist es nun die Witwe von Zarpat, die es lernt, Gott zu vertrauen.

V. 1. Phönizien, in die Stadt Zarpat. Die Erzählung startet mit einem Ortswechsel, Elia soll von dem ausgetrockneten Wadi Krit zu einer Witwe in den Ort Zarbat gehen. Diese kleine Stadt gehört zu Phönizien und ist geografisch und wirtschaftlich der 15 Kilometer entfernt gelegenen größeren Küstenstadt Sidon zuzuordnen. Die genaue Lokalisierung ist der Schlüssel, um die nachfolgenden Aktionen genau zu erfassen. Auf den ersten Blick könnte dieser Weg ins Ausland wie eine Flucht Elias aus dem Herrschaftsbereich Ahabs aussehen. Fast könnte man aber sagen: Das Gegenteil ist der Fall. Denn Ahab ist mit der Tochter Etbaals von Sidon verheiratet (1 Kön 16,31). Damit ist Zarpat eine Stadt, die für Ahab durch die politisch-familiären Beziehungen leicht zu erreichen ist. Außerdem wird der Leser offensichtlich die religiöse Verbindung mit Isebel und Sidon – und damit auch mit Zarpat – erkannt haben: Hier ist Baal der herrschende Gott, der über Isebel aus Sidon entscheidend nach Israel eingedrungen ist. Auch in Zarpat hätte Baal für Regen und Nahrung sorgen sollen. Die Situation vor Ort zeigt aber, dass Elia sich in ein Gebiet begibt, welches auch von der Dürre betroffen ist, und damit von der Ohnmacht Baals.

V. 2. Witwe. Die Witwe in dem vorliegenden Text leidet vor allem unter den ökonomischen Folgen ihrer Witwenschaft. Neben der teilweise rechtlichen Benachteiligung musste die Witwe mit ihrem Sohn selbst für die Lebensgrundlage sorgen. Gerade in einer Kultur, wo die Grundexistenz durch die Landwirtschaft erbracht wurde, wurden die Witwen durch die erweiterte Familie versorgt. Wenn dies nicht der Fall war, war die Witwe der Ausbeutung durch andere ausgesetzt oder sie litt schwer unter den Folgen von Naturkatastrophen, denn dadurch war ihr begrenzter landwirtschaftlicher Ertrag noch eingeschränkt. Im vorliegenden Fall steht die Witwe nicht nur vor dem finanziellen Ruin, sondern sieht sich dem baldigen Tod ausgesetzt. Es scheint sie niemand auffangen zu können – weder die Führungsschicht der Stadt noch die Familie, noch Baal, der in Zarpat angebetet wurde. An mehreren Stellen im Alten Testament stößt man auf Stellen, wo der Gott Israels sich besonders um die Witwen kümmert (5 Mose 14,29; 26,12). So wie Gott sich über dem Leid Israels als benachteiligte Sklaven in Ägypten erbarmt hatte, so soll auch jeder Israelit sich um das Wohl der Witwen kümmern. Ihnen durfte auf keinen Fall die Grundbedürfnisse an Kleidung und Nahrung entzogen werden (vgl. genauer 5 Mose 24,17-22). Der Befehl Gottes und die Aussicht, dass eine Witwe Elia versorgen wird, erscheinen angesichts der Dürre nicht besonders vielversprechend. Es wird zu erwarten sein, dass da nicht viel zu holen ist. Von jedem Haushalt wird eine großzügige Gastfreundschaft für den Fremdling erwartet worden sein. Aber die direkte Bitte Elias, zunächst für ihn etwas zuzubereiten, trifft die Witwe schwer. Denn das ist letztlich nichts anderes als der Sargnagel oder eine lebensverkürzende Maßnahme.

V. 12. 14. 16. Mehl und Öl. Von Baal wurde damals geglaubt und erwartet, dass er die Menschen versorgt – insbesondere die Witwen und Armen. Dieser Baal hat im vorliegenden Fall offensichtlich versagt, weil er sein Amt als Versorger der Witwe nicht wahrgenommen hat. Die Vorräte sind verbraucht (V. 12). Die Witwe wartet nun stellvertretend für alle Bewohner im Stammland Baals auf Regen. JHWH dagegen beweist seine Macht dadurch, dass er Elia im Land Baals versorgt und darüber hinaus auch noch die Witwe und ihren Sohn. Von außerbiblischen Texten ist bekannt, dass Baal eben Öl ausgießen sollte und gerade dann versorgen sollte, wenn Brot (Mehl) und Öl aufgebraucht sind. Das Öl steht in direktem Zusammenhang mit der Gabe des Regens und der Fruchtbarkeit der Erde. Denn wo kein Regen ist, gibt es kein Wachstum und damit auch keine Ernte (auch nicht von Öl, Oliven). Dagegen kontrolliert und garantiert der Gott Israels die Versorgung. Gleichzeitig bestimmt Gott, wann der Regen wieder einsetzen wird. Das zeigt: ER hat nicht nur in Israel die Vorherrschaft, sondern er demonstriert seine Macht auch in dem Land, in dem eigentlich Baal regiert. Baal kann weder der Witwe helfen noch den Propheten Elia aufhalten. Beide versorgt Gott selbst ausdrücklich mit Öl und Mehl.

4 Bestätigter Glaube

1 Könige 17,17-24

EINSTIEG

*(15–20 Minuten)
Wählen Sie bitte
eine oder zwei
Fragen aus.*

1. Haben Sie schon einmal erlebt, dass sich ein guter Freund überraschend deutlich gegen Sie gewandt hat? Was hat das in Ihnen ausgelöst? Wie haben Sie reagiert?

2. In welcher bedrückenden Lage haben Sie eine schon nicht mehr für möglich gehaltene Wendung zum Guten erlebt?

3. Kennen Sie Menschen, die ein Kind durch den Tod verloren haben? Wie sind sie damit umgegangen?

Die Auferweckung des Jungen

[17] Eines Tages wurde der Sohn der Witwe krank. Es ging ihm zusehends schlechter, und schließlich starb er. [18] Da schrie die Mutter Elia an: „Was hast du eigentlich bei mir zu suchen, du Bote Gottes? Ich weiß genau, du bist nur hierher gekommen, um Gott an alles Böse zu erinnern, was ich getan habe! Und zur Strafe ist mein Sohn jetzt tot!" [19] „Gib mir den Jungen!", erwiderte Elia nur, nahm das tote Kind vom Schoß der Mutter und trug es hinauf in die Dachkammer, wo er wohnte. Er legte den Jungen auf sein Bett [20] und begann zu beten: „Ach, Herr, mein Gott, warum tust du der Witwe, bei der ich zu Gast bin, so etwas an? Warum lässt du ihren Sohn sterben?" [21] Dann legte er sich dreimal auf das tote Kind und flehte dabei zum Herrn: „Herr, mein Gott, ich bitte dich, erwecke diesen Jungen wieder zum Leben!" [22] Der Herr erhörte Elias Gebet, und das Kind wurde lebendig. [23] Elia brachte ihn wieder hinunter, gab ihn seiner Mutter zurück und sagte: „Dein Sohn lebt!" [24] Da antwortete die Frau Elia: „Jetzt bin ich ganz sicher, dass du ein Bote Gottes bist. Alles, was du im Auftrag des Herrn sagst, ist wahr."

BIBELGESPRÄCH

*(30–40 Minuten)
Wählen Sie ggf.
unter den Fragen
aus.*

1. Wie unterscheidet sich die Einleitung zu dieser Begebenheit (V. 17) gegenüber denen in V. 2 und V. 8 (s. vorige Einheiten)?

2. Wie beurteilt die Mutter den „Boten Gottes" am Anfang in V. 18; wie am Ende in V. 24 des Abschnittes? Welche Entwicklung hat sie dabei vollzogen?

3. Welche Bedeutung hat das Zeugnis der Mutter in V. 24 für Elia als Prophet Gottes?

4. Welche Entwicklung ist bei Elia im gesamten Kapitel 17 erkennbar (vgl. auch vorige Gesprächseinheiten)?

5. Wie spitzt sich das Thema „tödliche Bedrohung" Schritt für Schritt bis zum Ende von Kapitel 17 zu?

AUSTAUSCH

(15–30 Minuten)

Wählen Sie ggf. unter den Fragen aus. Sie können das Gespräch mit einem gemeinsamen Gebet abschließen, in dem Sie auf mögliche Fragen und Anliegen Bezug nehmen, die im Gespräch deutlich geworden sind. Fragen, die nicht in der Gruppe thematisiert werden, können Ihnen auch als Anstoß dienen, zu Hause den Text vertiefend zu betrachten.

1. Gibt es Situationen, in denen Ihr Glaube von anderen Menschen heftig herausgefordert wird?

2. Aus welchen Erlebnissen mit Gott sind Sie mutig und bestätigt hervorgegangen?

3. Wo haben Sie erlebt, dass Ihr Gebet konkret erhört worden ist?

4. Kennen Sie Situationen, in denen Menschen um Heilung gebetet haben und diese auch tatsächlich eingetreten ist?

5. Gibt es aktuelle Situationen, in denen Sie mutig um Gottes Eingreifen beten sollten?

6. Wie gehen Sie damit um, wenn Gott Ihr Gebet nicht erhört?

7. Was würden Sie einem Menschen antworten, der sagt: „In meinem Leben handelt Gott nicht so direkt"?

Erläuterungen

Struktur des Textes:
Nach den ersten beiden Begebenheiten in 1 Könige 17 steht nun V. 17-24 als dramatischer Abschluss der Erzählkette. Elia und die Witwe geraten in eine extreme Notsituation, dadurch dass das Junge stirbt (V. 17). Elia wird daher von der Witwe angeklagt (V. 18). Aber durch Elias Gebet kommt es zu einem entscheidenden Wendepunkt (V. 21f). Am Ende dieses Abschnittes steht Elia als bestätigter Prophet da (V. 24):

X   Einleitung: Der Sohn der Frau stirbt (V. 17)
A   Anklage gegen Elia, den Boten Gottes (V. 18)
   B   Elia nimmt den Sohn der Witwe und steigt in die Dachkammer (V. 19)
      C   Elia betet zu JHWH, Gott hat den Jungen sterben lassen (V. 20)
      C' Elia betet zu JHWH, Gott schenkt dem Jungen wieder neues Leben (V. 21f)
   B' Elia nimmt den Sohn, steigt aus der Dachkammer wieder herab und gibt ihn der Witwe zurück (V. 23)
A' Anerkennung des Boten Gottes (V. 24)

A und A' sind durch den Schlüsselbegriff „Bote Gottes" verbunden, womit die Witwe beide Male Elia benennt. Zu Beginn ist dies jedoch Bestand einer Anklage und stellt Elia als Prophet Gottes in Frage (V. 18). Am Ende hingegen sind alle Zweifel beseitigt sind (V. 24). Denn das Wort Elias stimmt offensichtlich mit dem Wort Gottes überein. Im Mittelteil (V. 19-23, BCC'B') erscheinen die Reaktion und die Initiative Elias als Bote Gottes. Es wird gezeigt, wie er mit Gottes Hilfe auf die entstandene Not reagiert. Der Spannungsbogen erstreckt sich nicht nur vom Tod zum Leben des Sohnes, sondern es wird hervorgehoben, wie Elia als Bote Gottes entsprechend agieren kann. Diese Frage wird mit A gestellt und mit A' positiv beantwortet.
B und B' sind durch die Bewegung des Elia in die Dachkammer „hinauf" (V. 19) und schließlich dann wieder „hinunter" (V. 23) markiert. Das Auf- und Absteigen Elias stellt damit auch den Ort ins Zentrum, die Dachkammer. Dort erhört Gott seinen Boten und der Junge wird wieder lebendig. Doch die Bewegung Elias beginnt unten mit dem toten Jungen. Elia nimmt den toten Sohn aus den Armen seiner Mutter und geht mit ihm hinauf in die Dachkammer des Hauses (B). In B' steigt er wieder von der Dachkammer herab und gibt den wieder lebendigen Sohn in die Hände seiner Mutter zurück.
C und C' führen das spiegelbildliche Muster weiter. Die Korrespondenz geschieht durch die inhaltliche Übereinstimmung: „Herr, mein Gott!" (V. 20a + V. 21b) Wörtlich übersetzt wird die Deckung in der Wortwahl noch deutlicher: Beide Male lesen wir „und er rief zum Herrn und sagte: Herr, mein Gott". Damit werden die beiden Gebete eingeleitet, die sich ihrem Inhalt nach gegenüberstehen und die Wende einleiten: In V. 20 spricht Elia davon, dass Gott den Sohn hat sterben lassen. So wird der Tod des Jungen zunächst dramatisch auf den Punkt gebracht, dann aber in der Auferweckung entsprechend aufgelöst (C'). Es ist Gott selbst, der das Leben in den Jungen zurückkehren lässt (V. 22). Hat sich Elia also in beiden Gebeten auf Gott selbst berufen, so hört schließlich Gott dann auch auf die Stimme Elias (V. 22). Das Zentrum und die Wende sind erreicht. Nun wird die durch den spiegelbildlichen Aufbau entstandene Spannung gelöst. Elia steigt mit dem lebenden Sohn aus der Dachkammer herab (B'). Die Witwe erkennt Elia als bestätigten Boten Gottes an und bezeugt, dass das Elia im Auftrag des Herrn spricht (A').

V. 18 Anklage der Witwe. Nachdem die Witwe im Abschnitt zuvor noch erlebt hatte, wie Gott durch Elia hilft, schlägt die Stimmung nun in das Gegenteil um. Die Frau geht offensichtlich davon aus, dass mit Elia als „Bote Gottes" ein offizieller Repräsentant Gottes in ihrer Nähe ist. Hier schwingt die Vorstellung mit, dass Gott mit diesem verlängerten Arm direkten Einblick in die Verhältnisse vor Ort hätte. Die heilige Präsenz des Boten Gottes mache demnach das Böse der Witwe erst so richtig deutlich. Durch Elia wäre Gott also auf die Sünde der Witwe aufmerksam geworden. Wäre Elia also gar nicht erst gekommen, dann hätte Gott die Witwe auch nicht bemerkt. Nun trifft sie deshalb jedoch das Gericht umso härter. Die Einschätzung der Witwe verdeutlicht die Vorstellung, die viele Menschen damals von Göttern hatten. Demnach waren Götter lokal gebunden. Man konnte Götter manipulieren und sich vor ihnen verstecken. Elia jedoch geht erst gar nicht direkt auf die Anklage ein. Stattdessen wird er Taten folgen lassen, die den Status des Elia als wirklicher Bote Gottes unterstreichen werden.

V. 19 + 23. Dachkammer. Dieses Wort ist recht selten im Alten Testament. Außer an dieser Stelle kommt es in den Königebüchern nur noch in 2 Könige 1,2; 4,10 und 23,12 vor. Des Weiteren gibt es noch sieben weitere Stellen im Alten Testament. Es gab gemauerte Dachkammern, wie sie für Elisa angefertigt wurde (2 Kön 4,10f). Dieser Prophet kehrte bei seinem Gastgeber regelmäßig von Zeit zu Zeit ein. Als wohlhabende Familie (2 Kön 4,8) besaßen sie offensichtlich ein größeres Haus mit zusätzlicher Dachkammer. Obergemächer von Königen (Ri 3,20ff und 2 Kön 1,2) wurden extra für die Könige als privater Aufenthaltsraum gebaut. In 1 Könige 17,19 geht es wohl nicht um eine Dachgeschosswohnung, sondern um ein Gemach auf dem platten Dach des Hauses. Dies könnte auch provisorischen Charakter als Laubhütte gehabt haben. Das würde auch dem Standard als Witwe entsprechen.

V. 21. dann legte er sich dreimal auf das tote Kind. Der vorliegende Text betont (zweimal), dass das Gebet des Elia in seiner Dachkammer geschieht. Der Sohn wird praktisch aus der Welt der Mutter (Haus, Schoß) genommen und wird dann in den privaten Bereich des Propheten gebracht. Dort betet Elia, um dann anschließend aus der Dachkammer den nun lebendigen Sohn wieder in die Obhut der Mutter zu entlassen. Der Wendepunkt vom Tod des Sohnes (V. 20b) zum Leben des Sohnes (V. 21b) geschieht, indem Elia sich dreimal über das Kind beugt. Durch diese Bewegung sagt er praktisch körperlich aus, was er anschließend im Gebet sagt. Dieser tote Körper ohne Leben soll wieder so lebendig werden wie Elias Körper: „Herr, mein Gott, ich bitte dich, erwecke diesen Jungen wieder zum Leben!"

V. 18 + 24. Bote Gottes. Für die Propheten im Alten Testament gab es unterschiedliche Bezeichnungen, die einen bestimmten Aspekt des Selbstverständnisses und Dienstes unterstrichen. Im hebräischen Grundtext steht hier „Mann Gottes". So werden vor allem Propheten in früherer Zeit genannt, u. a. Mose (5 Mo 33,1; Ps 90,1), Samuel (1 Sam 9, 6), Elia (1 Kön 17,18.24; 2 Kön 1,9ff), Elisa (2 Kön 4,7ff). Auch wenn der Titel „Mann Gottes" sehr allgemein klingt, so wird hier klar vermittelt, dass hier eine besondere Beziehung zu Gott vorliegt. Der Mann Gottes ist ein heiliger Mann (2 Kön 4,9). Er ist vertrauenswürdig und angesehen. Er kann auch besondere Botschaften von Gott empfangen und Ereignisse vorhersagen (1 Sam 9,6). Ein Mann Gottes ist sich seiner Stellung vor Gott bewusst und tritt mutig mit der Botschaft Gottes an die Menschen heran (1 Kön 13,1). Der Mann Gottes hat eine ausgesprochene Autorität, Gottes Willen auszuführen. Dies ist eindrücklich bei Elia hier in 1 Kön 17,17ff und später in 2 Könige 1 erkennbar.

Glaube in der Zerreißprobe

1 KÖNIGE 18,1-18

EINSTIEG
(15–20 Minuten)
Wählen Sie bitte eine oder zwei Fragen aus.

1. Wie würden Sie sich fühlen, wenn Sie unter Bedingungen leben müssten, in denen Sie Ihre wahre Identität nicht preisgeben können?

2. Welche Beispiele kennen Sie, bei denen jemand Flüchtlinge versteckt und versorgt hat? Würden Sie ggf. ebenso handeln?

3. Wo stehen Sie in einem Interessenkonflikt? Wo werden Sie gleichzeitig bestimmten Verantwortungen nur bedingt gerecht?

Elia kehrt nach Israel zurück
¹ Wochen und Monate vergingen. Nach mehr als zwei Jahren sagte der Herr zu Elia: „Geh jetzt, und zeig dich Ahab! Ich will es wieder regnen lassen." ² Elia machte sich auf den Weg nach Samaria, wo die Menschen schwer unter der Hungersnot litten. ³ König Ahab ließ unterdessen seinen Palastverwalter Obadja zu sich rufen, einen Mann, der große Ehrfurcht vor dem Herrn hatte.
⁴ Als damals Königin Isebel alle Propheten des Herrn beseitigen wollte, hatte er hundert von ihnen in zwei Höhlen versteckt, je fünfzig in einer, und sie mit Wasser und Brot versorgt. ⁵ Ahab befahl nun Obadja: „Geh durch das Land zu allen Quellen und Bächen! Vielleicht gibt es dort noch etwas Gras, mit dem wir unsere Pferde und Maultiere durchbringen können. Sonst müssen wir die Tiere töten." ⁶ Ahab und Obadja sprachen sich ab, wer welche Teile des Landes durchstreifen sollte, und brachen dann auf. ⁷ Obadja war noch nicht lange unterwegs, als ihm Elia entgegenkam. Obadja erkannte den Propheten sofort, warf sich vor ihm zu Boden und fragte: „Bist du es wirklich, Elia, mein Herr?"
⁸ „Ja, ich bin es", antwortete Elia. „Geh sofort zurück, und melde deinem Herrn, dass ich wieder da bin!" ⁹ Obadja stöhnte: „Was habe ich verbrochen, dass du mir einen solchen Auftrag gibst? Ahab bringt mich um, wenn ich ihm das sage!
¹⁰ Bei dem Herrn, deinem Gott, schwöre ich: Er hat dich überall suchen lassen. In alle Länder und Königreiche schickte er seine Leute. Erhielten sie zur Antwort: ‚Elia ist nicht bei uns!', dann musste das Volk jeweils schwören, dich nicht gefunden zu haben. ¹¹ Und nun soll ich einfach zum König gehen und ihm sagen: ‚Elia ist da!' ? ¹² Was ist, wenn der Geist des Herrn dich in der Zwischenzeit entrückt, und ich weiß nicht wohin? Ahab wird mich umbringen, wenn ich ihm sage, dass ich dich gesehen

habe, er dich dann aber nicht findet. Dabei habe ich doch von Jugend an nur den Herrn als meinen Gott verehrt! ¹³ Hat dir niemand berichtet, was ich riskiert habe, als Isebel alle Propheten des Herrn umbringen ließ? In zwei Höhlen habe ich je fünfzig Propheten versteckt und sie mit Brot und Wasser versorgt. ¹⁴ Und nun soll ich zu Ahab gehen und ihm melden: ‚Elia ist wieder da!' ? Bestimmt bringt er mich um!" ¹⁵ Da entgegnete Elia: „Ich schwöre dir bei dem Herrn, dem allmächtigen Gott, dem ich diene, dass ich mich noch heute dem König zeige." ¹⁶ Da kehrte Obadja um und brachte Ahab die Nachricht. Der brach seine Suche sofort ab und ging Elia entgegen. ¹⁷ Ahab begrüßte den Propheten mit den Worten: „So, da ist er ja, der Mann, der Israel ins Verderben gestürzt hat!" ¹⁸ Elia widersprach: „Nicht ich bin an dem Unheil schuld, sondern du und deine Familie! Ihr macht euch nichts mehr aus den Geboten des Herrn. Du, Ahab, verehrst lieber den Götzen Baal und seine Statuen als den Herrn.

BIBELGESPRÄCH

(30–40 Minuten)
Wählen Sie ggf. unter den Fragen aus.

1. Nach der Flucht in 17,1ff kann und soll sich Elia in 18,1 nun doch Ahab zeigen. Was hat sich für Elia in seiner Funktion Ahab gegenüber durch Kapitel 17 geändert?

2. Was macht die angekündigte Begegnung von Ahab und Elia so brisant?

3. Wer kümmert sich in dieser Szene um wen? Welche Bedingungen herrschen vor? Vergleichen Sie das Vorgehen Ahabs und Obadjas!

4. Wer ist verantwortlich für das Unglück in Israel? Vergleichen Sie die unterschiedlichen Anschuldigungen Elias und Ahabs (18,17f).

AUSTAUSCH

(15–30 Minuten)

Wählen Sie ggf. unter den Fragen aus. Sie können das Gespräch mit einem gemeinsamen Gebet abschließen, in dem Sie auf mögliche Fragen und Anliegen Bezug nehmen, die im Gespräch deutlich geworden sind. Fragen, die nicht in der Gruppe thematisiert werden, können Ihnen auch als Anstoß dienen, zu Hause den Text vertiefend zu betrachten.

1. Haben Sie schon einmal wirkliche Feindschaft durch einen anderen Menschen erlebt? Wie sind Sie mit der Situation umgegangen?

2. Welchen Einfluss können Sie nehmen, um Christen zu helfen, die aufgrund ihres Glaubens in Todesgefahr leben?

3. Sind Sie schon einmal aufgrund Ihres Glaubens in Konflikte geraten, etwa am Arbeitsplatz oder in anderen Zusammenhängen? Wie haben Sie die Spannung für sich gelöst?

Erläuterungen

Struktur des Textes:

Die Macht Gottes ist im kleinen Kreis, zwischen der Witwe und Elia, in Kapitel 17 bewiesen worden. Nun ist die Zeit gekommen, dass die Überlegenheit Gottes gegenüber der Ohnmacht Baals auch der Öffentlichkeit vor Augen geführt werden soll, nämlich dem König und dem Volk. 1 Könige 18 erhält seine Grundstrukturierung durch zwei Elemente: Das erste ist der Ort, an dem die Ereignisse stattfinden. Den Hauptteil dieses Kapitels bildet die Szene direkt am Karmel mit V. 19-40. Dann geschehen die Ereignisse in V. 1-18 praktisch auf dem Weg dorthin. V. 41-46 führen dann wieder vom Karmel weg. Dieser geografische Aspekt deckt sich mit dem zweiten Element, der Zeit. V. 1-18 zeigen die Verhältnisse während der Dürre. Der Regen wird zwar in V. 1 angekündigt, doch bis dieser wirklich fällt, wird die Handlung in eine andere Richtung gelenkt. Denn nach V. 1-18 befasst sich erst wieder V. 41-46 mit dem Kommen des Regens. In V. 19-40 geht es im strengen Sinne nicht um die Dürre an sich, sondern um die theologische Problematik, die dahinter steht: Der wahre Gott wird Regen geben. Orts- und Zeitangaben geben 1 Könige 18 die folgende Struktur:

A   Auf dem Weg zum Karmel; vor dem Regen (V. 1-18)
    B   Am Karmel. Der wahre Gott antwortet mit Feuer und wird Regen geben (V. 19-40)
A'   Vom Karmel weg. Der Regen kommt (V. 41-46)

Ferner bestätigen die beteiligten Personen diesen groben Aufbau. In V. 1-18 geht es hauptsächlich um Elia, Ahab und Obadja. In diesem Abschnitt tritt Obadja sowohl als Diener Ahabs (V. 3.7f.10f.14) als auch als Knecht Elias auf (V. 7-9.12f). Auf der anderen Seite treten in V. 41-46 die Personen Elia, Ahab und Elias Diener (ohne Namen) auf. Im Mittelblock steht das Dreiergeflecht bestehend aus Elia, Volk Israel und Baalspropheten. Hier tauchen weder Ahab noch Obadja noch der Diener Elias auf.

Der Abschnitt V. 1-18 betont die Dramatik und Spannung, die über den schweren Jahren der Dürre, aber auch der Verfolgung liegen.

A   Gott, der Herr, will Regen geben. Elia soll sich Ahab zeigen (V. 1-2)
    B   Obadja hat die Propheten Gottes vor Isebel beschützt und versorgt (V. 3-4)
        C   Ahab und Obadja suchen nach Weidefläche; Ahab fürchtet den Tod seiner Tiere (V. 5-6)
            D   Obadja trifft auf Elia (V. 7-8)
        C'   Ahab lässt nach Elia suchen; Obadja fürchtet um sein Leben (V. 9-12b)
    B'   Obadja hat die Propheten des Herrn vor Isebel beschützt und versorgt (V. 12c-14)
A'   Elia zeigt sich Ahab. Ahab trägt die Schuld an dem Regenmangel, weil er Baal verehrt (V. 15-18)

V. 7 + 8 treten deutlich als Wendepunkt im Abschnitt 18,1-18 auf, weil dadurch die Ankündigung aus V. 1f durch den Mittler Obadja Wirklichkeit werden kann. Außerdem wird deutlich, in welcher Spannung Obadja steht. Er hat einerseits Ahab zum Herrn (V. 8, vgl. auch V. 3) und bezeichnet andererseits Elia als seinen Herrn (V. 7). Das Ziel des Abschnittes ist die Schlussfolgerung am Ende dieses Dialogteiles: Es kommt zum Zusammentreffen von Elia und Ahab. Hier wird das Thema der Dürre theologisch erläutert. Nicht der Schwur Elias ist schuld an der Trockenheit, wie V. 17 + 18 verdeutlichen. Das eigentliche Problem ist, dass Ahab und Isebel Baal verehren. V. 19ff führen dann vollends zum Konflikt zwischen dem Gott Israels und Baal. Somit markiert V. 17f eine theologische Schlussfolgerung und einen Höhepunkt von 18,1-18.

V. 5f beschreiben, dass Obadja und Ahab nach Wasser und Weiden für die Tiere des Königs suchen, damit diese nicht umkommen müssen. Demgegenüber wird in V. 9-12b beschrieben, wie Ahab nach Elia suchen ließ, Obadja aber nun um sein Leben fürchtet, weil Elia vielleicht doch nicht zu finden sei. Es geht also in beiden Abschnitten einmal um eine vergebliche Suche (nach Weiden bzw. nach Elia) und zum anderen um die Angst vor dem Tod (Ahab fürchtet um seine Pferde und Maultiere; Obadja um sein eigenes Leben). Diese beiden Paare stehen sich als Kontrast gegenüber. Auf der einen Seite trifft man die schlechten und ungerechtfertigten Taten Ahabs, bei denen die Suche nach guten Weiden und die damit verbundene Sorge um die Tiere im Kontext der Dürre geradezu lächerlich wirken. Auf der anderen Seite geht es um die Suche nach dem Propheten Gottes und um die Sorge Obadjas, nicht in Todesgefahr zu geraten. In diesem Zusammenhang schneidet Ahab als König sehr schlecht ab. Er sorgt sich nur um sein eigenes Wohl und geht auch noch gegen Elia und im weiteren Sinne auch gegen Obadja vor.

V. 1. nach mehr als zwei Jahren. Der jüdische Historiker Flavius Josephus berichtet von einer langen Dürre unter der

Herrschaft Ittobaals (= Etbaal, vgl. 1 Kön 16,31) von Sidon. Diese Dürre dauerte insgesamt etwas mehr als ein Jahr. In der damaligen Rechnung könnte ein solcher Zeitraum durchaus als dreijährige Dürre bezeichnet worden sein (das Ende des ersten Jahres, ein ganzes zweites Jahr und schließlich der Anfang des dritten Jahres). Jedoch setzen Lk 4,25 und Jak 5,17 für die Dürre in der Zeit Elias drei Jahre und sechs Monate an. Möglicherweise wird die Dürre in den unterschiedlichen Gebieten von Phönizien bis Samaria unterschiedlich schwer ausgefallen sein. In (fast) allen Teilen war aber der Regen offensichtlich derart knapp, dass die Regenzeit(en) als ausgefallen eingestuft wurde(n) und erst nach dem Regenbeginn in 1 Kön 18 folgte eine Wachstumsperiode mitsamt der entsprechenden Ernte (vgl. Jak 5,18).

V. 2. Samaria. Samaria ist die Hauptstadt des Nordreiches. Diese Stadt hatte Omri, der Vater Ahabs, gegründet und als Regierungssitz ausgebaut (16,24). Ahab hatte dieses Erbe fortgeführt. Bei Ahab kommt aber in „Samaria" noch etwas hinzu: Der Bau des Altars und des Tempels, eben „in Samaria" (16,32). 1 Kön 18,2 betont nun, dass es eine Hungersnot in Samaria gab. D. h. die Hungersnot hat sogar die gut ausgestattete Hauptstadt erreicht. Dort regiert Ahab, der Baal anbetet. Damit werden die Schwäche und Hilflosigkeit des Königs und Baals hervorgehoben. Die Hungersnot hat Israel politisch und theologisch im Kern getroffen!

V. 3. Obadja. Der Palastverwalter charakterisiert das Dilemma der Menschen, die dem Gott Israels dienen wollten. Sein Name „Obadja" bedeutet „Knecht des Herrn". Sein Name steht also für das, was er von Herzen möchte: Er ist ein Diener des Gottes Israels. In V. 12 drückt es Obadja mit eigenen Worten treffend aus: „Dabei habe ich doch von Jugend an nur den Herrn als meinen Gott verehrt!" Genau das bestätigen auch seine Aktionen zum Schutz der Propheten (V. 4.13) und seine Haltung Elia gegenüber, den er als „mein Herr" bezeichnet. So wie er Jahwe dient, so erkennt er auch den Propheten Elia als Boten Gottes an. Gleichzeitig hat Obadja aber auch einen weltlichen Herrn über sich. Dieser Obadja übernimmt neben Ahab die andere Hälfte des Landes bei der Suche nach Weideflächen für die Tiere des Königs. Obadja hat offensichtlich einen hohen Posten am Königshof, aber gerade diese Verantwortung bringt ihn auch in Lebensgefahr. Zum einen, weil er heimlich gegen den Willen Ahabs und Isebels Propheten des Herrn versorgt, und zum anderen, weil er natürlich auf der Seite Elias, des Staatsfeinds Nummer eins, steht.

V. 12. wenn der Geist des Herrn dich ... entrückt. Offensichtlich hat Obadja Angst davor, dass Elia durch den Geist Gottes den Ort wechseln kann. Wenn er Ahab die Begegnung mit Elia an einem bestimmten Ort ankündigen würde, dann kann er nicht davon ausgehen, dass Elia dort auch anzutreffen sein wird. Elia könnte ohne Weiteres vom Geist Gottes weggetragen werden. Von dieser gewissen Regelmäßigkeit geht schließlich auch die Gruppe von Prophetensöhnen in 2 Kön 2,16 aus. Normalerweise erwarten sie, dass der Geist Gottes Elia aufnehmen und dann an einem anderen Ort wieder absetzen kann. Dass Elia eben in 2 Könige 2 nicht mehr ‚runter kommt', ist für die Leute ungewöhnlich. Gewöhnlich ist hingegen, dass Elia einen geistgewirkten Ortswechsel vollziehen kann.

Eine Entrückung durch den Geist Gottes an einen anderen Ort finden wir auch bei Philippus (Apg 8,39). Es liegen auch diverse Berichte in unterschiedlichen Teilen der Erde vor, wo Christen Ähnliches erlebt haben (könnten).

V. 4. als ... Königin Isebel alle Propheten des Herrn beseitigen wollte. Isebel betreibt ein radikales Programm der Verfolgung. Offensichtlich soll der Glaube an den Gott Israels im Keim erstickt werden. Denn Isebel geht systematisch gegen die Propheten vor, die im Namen des Gottes Israels auftreten und selbstverständlich den Ausschließlichkeitsanspruch dieses Gottes vertreten haben werden. Das, was diese Propheten erfahren haben, hat Elia selbst auch schon erlebt. Er war selbst auf der Flucht vor Ahab und Isebel und musste sich am Bach Krit verstecken. Auch er war auf die Hilfe von anderen angewiesen (Kap. 17). Scharf formuliert der hebräische Text in V. 4, dass Isebel die Propheten „ausrottete". Hier steht im Hebräischen *behakerit* „als (sie) ausrottete". Damit erinnert sich der Leser an die Situation, in der Elia selbst nur knapp der „Ausrottung" am Bach **Krit** entging. Hinzu kommt die Tatsache, dass Ahab sich um ganz andere Probleme kümmert. Er sorgt sich nur darum, dass seine Tiere nicht „umkommen". Auch hier gebraucht der hebräische Text das gleiche Verb (*nakerit*). Damit entsteht eine enorme Spannung. Isebel setzt alles daran die Propheten auszurotten. Ahab hingegen ist darum besorgt, dass seine Tiere nicht ausgerottet werden. Obadja steht zwischen den Stühlen. Er arbeitet gegen die Ausrottung der Propheten und muss gleichzeitig Ahab darin unterstützen, dass die Tiere nicht ausgerottet werden. Zu alledem aber kommt hinzu, dass er ja selbst als Knecht Gottes/Elias „umgebracht" werden könnte (V. 12, *haragani*). Dann würde es ihm so ergehen, wie den Prophten, die von Isebel „umgebracht" werden (V. 13, *baharog*):

V. 17 f. Verderben ... Unheil. Ahab und Elia beschuldigen sich gegenseitig, das Land und das Volk ins „Verderben" gestürzt zu haben. Bei dieser Einschätzung der Lage geht es um eine extreme Notsituation. Nach der damaligen Vorstellung ist irgendjemand für dieses Unglück verantwortlich. Letztlich leidet eine größere Gruppe unter dem Fehlverhalten einer einzigen Person. Im Alten Testament gibt es dafür – neben 1 Könige 18 – mehrere Beispiele (Jos 6f; 1 Sam 14; 2 Sam 21; Jona 1). Die für das Unglück verantwortliche Person muss identifiziert und zur Rechenschaft gezogen werden.

6 Der Kampf des Glaubens

1 KÖNIGE 18,19-40

EINSTIEG

*(15–20 Minuten)
Wählen Sie bitte
eine oder zwei
Fragen aus.*

1. Haben Sie sich schon einmal von einer Masseneuphorie mitreißen lassen? Oder kann Sie keine Begeisterungswelle mitreißen? Erzählen Sie davon.

2. Wenn Sie Gott beweisen wollten – wie würden Sie vorgehen? Worauf gründet sich Ihr eigener Glaube?

3. Welchen führenden Köpfen würden Sie vertrauen und sich deren Zielen anschließen? Welche Aspekte sind maßgeblich für Ihre Entscheidung?

Das Gottesurteil auf dem Karmel

(Elia sagte zu Ahab:) ¹⁹ „Aber jetzt fordere ich dich auf: Schick die 450 Propheten Baals alle zu mir auf den Berg Karmel! Auch die 400 Propheten der Aschera, die von Königin Isebel versorgt werden, sollen kommen. Sende Boten ins Land, und lass alle Israeliten zu einer Volksversammlung auf den Karmel rufen!" ²⁰ Da befahl Ahab den Israeliten und allen Propheten, auf den Karmel zu kommen. ²¹ Als alle versammelt waren, trat Elia vor die Menge und rief: „Wie lange noch wollt ihr auf zwei Hochzeiten tanzen? Wenn der Herr der wahre Gott ist, dann gehorcht ihm allein! Ist es aber Baal, dann dient nur ihm!"
Das Volk sagte kein Wort, ²² und so fuhr Elia fort: „Ich stehe hier vor euch als einziger Prophet des Herrn, der noch übrig geblieben ist; und dort stehen 450 Propheten Baals. ²³ Und nun bringt uns zwei junge Opferstiere. Die Propheten Baals sollen sich einen aussuchen, ihn in Stücke schneiden und auf das Brennholz legen, ohne es anzuzünden. Den anderen Stier will ich als Opfer zubereiten, und auch ich werde kein Feuer daran legen. ²⁴ Dann ruft ihr, die Propheten Baals, euren Gott an, ich aber werde zum Herrn beten. Der Gott nun, der mit Feuer antwortet, der ist der wahre Gott." Die ganze Volksmenge rief: „Ja, das ist gut!"
²⁵ Da sagte Elia zu den Propheten Baals: „Ihr könnt anfangen, weil ihr so viele seid. Sucht euch einen Stier aus, und bereitet ihn zu; aber keiner darf das Opfer anzünden! Und dann bittet euren Gott, Feuer vom Himmel zu schicken!" ²⁶ Sie schlachteten ihren Stier und bereiteten ihn für das Opfer zu. Dann begannen sie zu beten. Vom Morgen bis zum Mittag riefen sie ununterbrochen: „Baal, Baal, antworte uns doch!" Sie tanzten um den Altar, den man für das Opfer errichtet hatte. Aber nichts geschah, es blieb still.

27 Als es Mittag wurde, begann Elia zu spotten: „Ihr müsst lauter rufen, wenn euer großer Gott es hören soll! Bestimmt ist er gerade in Gedanken versunken, oder er musste mal austreten. Oder ist er etwa verreist? Vielleicht schläft er sogar noch, dann müsst ihr ihn eben aufwecken!"

28 Da schrien sie, so laut sie konnten, und ritzten sich nach ihrem Brauch mit Messern und Speeren die Haut auf, bis das Blut an ihnen herunterlief. 29 Am Nachmittag schließlich gerieten sie vollends in Ekstase. Dieser Zustand dauerte bis gegen Abend an. Aber nichts geschah, keine Antwort, kein Laut, nichts.

30 Endlich forderte Elia das Volk auf: „Kommt jetzt zu mir herüber!" Sie versammelten sich um ihn, und er baute vor aller Augen den Altar des Herrn wieder auf, den man niedergerissen hatte. 31 Er nahm dazu zwölf Steine nach der Zahl der Söhne Jakobs, von denen die zwölf Stämme Israels abstammen. Der Herr hatte Jakob später den Namen Israel gegeben. 32 Mit den zwölf Steinen baute Elia einen Altar für den Herrn. Rundherum zog er einen Graben. 33 Dann schichtete er das Brennholz auf den Altar, zerteilte den Opferstier und legte ihn auf das Holz. 34 Zuletzt befahl er: „Holt vier Eimer Wasser, und gießt sie über das Opfer und das Holz!" Dies genügte ihm aber noch nicht, und so gab er denselben Befehl ein zweites und ein drittes Mal, 35 bis das Wasser schließlich auf allen Seiten am Altar herunterlief und den Graben füllte.

36 Zur Zeit des Abendopfers trat Elia vor den Altar und betete laut: „Herr, du Gott Abrahams, Isaaks und Israels! Heute sollen alle erkennen, dass du allein der Gott unseres Volkes bist. Jeder soll sehen, dass ich dir diene und dies alles nur auf deinen Befehl hin getan habe. 37 Erhöre mein Gebet, Herr! Antworte mir, damit dieses Volk endlich einsieht, dass du, Herr, der wahre Gott bist und sie wieder dazu bringen willst, dir allein zu dienen." 38 Da ließ der Herr Feuer vom Himmel fallen. Es verzehrte nicht nur das Opferfleisch und das Holz, sondern auch die Steine des Altars und den Erdboden darunter. Sogar das Wasser im Graben leckten die Flammen auf.

39 Als die Israeliten das sahen, warfen sie sich zu Boden und riefen: „Der Herr allein ist Gott! Der Herr allein ist Gott!" 40 Elia aber befahl: „Packt die Propheten Baals! Keiner soll entkommen!" Sie wurden festgenommen, und Elia ließ sie hinunter an den Fluss Kischon führen und dort hinrichten.

BIBELGESPRÄCH

*(30–40 Minuten)
Wählen Sie ggf.
unter den Fragen
aus.*

1. Welche Rolle spielt Elia bei diesem ‚Götterkampf'?

2. Was macht die Antwort des wahren Gottes mit Feuer in dieser Auseinandersetzung so brisant?

3. Vergleichen Sie die Art und Weise der Opferzubereitung und der Gebete bei den Baalspropheten und bei Elia! Welche Unterschiede fallen auf?

4. Welche Rolle spielt das Volk Israel bei dem ‚Götterkampf'? Wann sagt oder tut es etwas?

AUSTAUSCH

(15–30 Minuten)

Wählen Sie ggf. unter den Fragen aus. Sie können das Gespräch mit einem gemeinsamen Gebet abschließen, in dem Sie auf mögliche Fragen und Anliegen Bezug nehmen, die im Gespräch deutlich geworden sind. Fragen, die nicht in der Gruppe thematisiert werden, können Ihnen auch als Anstoß dienen, zu Hause den Text vertiefend zu betrachten.

1. Gibt es heute Einflüsse (Orte, Personen, Medien, Organisationen), von denen Christen sich klar trennen müssen, weil sie das Leben mit Gott sehr beeinträchtigen?

2. Wie beurteilen Sie die geistliche Situation Ihrer Kirche/Gemeinde? Könnte Elias Frage „Wie lange wollt ihr noch auf zwei Hochzeiten tanzen" dort berechtigt sein?

3. Was bedeutet der Anspruch von Jesus Christus, der wahre Gott, der Herr aller Herren zu sein, in Ihrem Alltag und für Ihr Leben?

4. Wie sollten Christen Anhängern anderer Religionen begegnen? Haben Sie damit Erfahrungen gemacht?

5. Wo stehen Christen in Gefahr, einen übertriebenen Eifer für Gott zu entwickeln?

6. Was bedeutet diese Begebenheit für unser Bild von Gott? Bestätigt sie nicht den Vorwurf, Gott sei im Alten Testament gewalttätig und brutal? Wie ordnen Sie das in Ihrem Glauben ein? Wie würden Sie Elias Verhalten anderen erklären?

Erläuterungen

Struktur des Textes:
V. 19f und V. 40 bilden den Rahmen für diese Begebenheit. Elia, die Baalspropheten und das Volk Israel treffen aufeinander. Zu Beginn ist die Begegnung noch recht neutral; aber letztlich bedeutet das Aufeinandertreffen ein tatsächliches Ende der Baalspropheten. Der Mittelteil ist parallel aufgebaut. Die erste Hälfte stellt die Personen und die Bedingungen für das Gottesurteil vor (V. 21-24). Nachdem das Volk zugestimmt hat, entfaltet sich der zweite Teil entlang des Aufbaus des ersten:

A   Elia versammelt das Volk Israel und die Baalspropheten (V. 19f).
    B   Tanz des Volkes; Aufforderung, sich für den Herrn oder für Baal zu entscheiden – keine Antwort; Elia allein gegen die Baalspropheten (V. 21f)
        C   Kurze Beschreibung der Opferzubereitung (V. 23)
            D   Der wahre Gott antwortet mit Feuer (V. 24a).
                E   Volk antwortet zustimmend (V. 24b).
    B'   Tanz der Baalspropheten; Baal soll antworten – keine Antwort; Elia (Spott) allein gegen die Baalspropheten (V. 25-29)
        C'   Ausführliche Beschreibung der Opferzubereitung (V. 30-35)
            D'   Der wahre Gott antwortet mit Feuer (V. 36-38).
                E'   Volk antwortet zustimmend (V. 39).
A'   Elia und das Volk Israel führen die Baalspropheten ab (V. 40).

V. 19. auf den Karmel. Der Karmel erstreckt sich fast 50 Kilometer in westlicher/nordwestlicher Ausrichtung vom zentralen Hügelland bis hin zum Mittelmeer. Weil er dicht am Meer liegt und an manchen Stellen sogar über 500 Meter hoch ist, bekommt er von Westen her – für die dortigen Verhältnisse – viel Niederschlag (jährlich 800 mm), außerdem ungewöhnlich viel Tau. So war er zur damaligen Zeit zum Großteil mit dichtem Wald bedeckt. Wo genau die Begebenheit auf dem Karmel stattgefunden, lässt sich nicht festmachen. Aber es gibt ein paar Hinweise für die Lokalisierung: Erstens, Elia befiehlt Ahab, das Volk und die Baalspropheten „auf den Berg Karmel". Vom hebräischen Text her geht es jedoch nicht darum, dass sie alle auf den Gipfel des Berges hochsteigen müssen. Hier müsste adäquater mit „an den Karmel" oder „zum Karmel hin" übersetzt werden. Zweitens steigt Elia erst später ausdrücklich „zum Gipfel des Karmel hinauf" (V. 42). Von dort kann er zusammen mit seinem Diener weit auf das Meer schauen und wartet auf die Regenwolken aus dem Westen (V. 42-45). Drittens führen Elia und das Volk die Baalspropheten anschließend zur Hinrichtung an den Bach Kischon hinunter. Der Bach Kischon fließt auf der Nordseite parallel zum Verlauf des Karmel von Südwesten nach Nordosten und mündet dann ins Mittelmeer. Um eine große Gruppe von Menschen zum Ort der Vollstreckung ihrer Todesstrafe zu führen, ist die Annahme eines langen Fußmarsches unwahrscheinlich. Plausibler wäre, wenn das Ereignis am nördlichen Fuße des Karmel stattgefunden hat. Viertens mag den aufmerksamen Leser überraschen, wie großzügig Elia mit Wasser (V. 34f) umgeht. Nach der langen Trockenheit wird Wasser rar gewesen sein. Zudem ist anzunehmen, dass auch der Kischon kein oder kaum Wasser führte. Möglich wäre der Gebrauch von so viel Wasser durch die Lage des Austragungsortes für den „Götterwettstreit" in der Nähe des Meeres. Dann hätte sich Elia am nordwestlichen Teil des Karmel mit den Baalspropheten auseinandergesetzt. Dies entspricht auch der damaligen Grenze zwischen Israel und Phönizien. Zur Erinnerung: Aus Phönizien stammte die sidonische Prinzessin, die maßgeblich für die Unterstützung der Baalspropheten verantwortlich war.

V. 24. der Gott nun, der mit Feuer antwortet. Sowohl Elia als auch die Baalspropheten bitten ihren jeweiligen Gott um eine Antwort (V. 24.26.29.37). Die Antwort wird als Feuer Gottes erwartet (V. 24). Die fehlende Antwort Baals kann mit den Wetterphänomenen als eine Stimme Baals in Verbindung gebracht werden. In außerbiblischen Texten nördlich von Israel (Ugarit) wird Baals Stimme in den Wolken als Donner identifiziert. Mit dieser Stimme verbunden wird Baal als einer beschrieben, der Blitze zur Erde schleudert. Auch von dem Gott Israels wird berichtet, dass er Blitze schleudert (Ps 18,15), im Himmel donnernd seine Stimme erschallen lässt (Ps 18,14) und dass Blitze als Feuer Gottes wahrgenommen werden (Gen 19,24; 4 Mo 11,1; 16,35; Hi 1,16). Vielfach ereignen sich Offenbarungen Gottes mit der Begleiterscheinung des Feuers: Gott spricht zum Volk Israel aus dem Feuer am Sinai (5 Mo 4,12.15.33.36; 5,22ff). Die Worte aus dem Feuer bringen Israel die Bundessatzungen (5 Mo 4,36; 5,22). Mehrfach wird gerade im Zusammenhang von Offenbarungen Gottes und sichtbarem Feuer deutlich, dass Israel keine anderen Götter verehren soll (2 Mo 23,32f; 5 Mo 4,35.39). Der Gott, der mit Feuer antwortet, ist also der, der mit einem Blitzeinschlag ein Feuer entzünden wird. Daran entscheidet sich der Anspruch, der wahre Gott zu sein.

V. 26. Es blieb still. Im hebräischen Text steht, dass auf das Rufen der Baalspropheten „keine Stimme" (HfA „kein Laut") zu hören ist (vgl. V. 29). Nachdem sich der Gott Israels als wahrer Gott erwiesen hat, sind aber die Vorboten des Regens zu hören. Im Hebräischen steht wieder das Wort für „Stimme" – das Geräusch des herannahenden Regens (V. 41). Gottes Antwort ist also zu hören. Er ist Gott!

V. 26-29. *Die Opferpraxis der Baalspropheten.* In der gesamten Umwelt Israels werden die Götter häufig mit menschlichen Zügen beschrieben. Sie haben mehr Macht und Einfluss als die Menschen. **Bestimmt ist er ... ihn eben aufwecken.** So überrascht die menschliche Beschreibung Baals durch Elia in V. 27 nicht. Auch die Götter schlafen, streiten, beraten, betrinken sich, haben Sex, gewinnen oder verlieren an Einfluss. Die Anrufung Baals geschieht wahrscheinlich auf dem Hintergrund der Vorstellung, dass sich Baal im Totenreich aufhält. Die Dürre zeigt, dass er derzeit machtlos ist. Die Baalspropheten trauern praktisch um Baal und versuchen gleichzeitig durch die Gebete und Trauerriten (V. 28), Baal zu erwecken. Dann würde er wieder in das Reich der Lebenden kommen und seine Herrschaft durch die Gabe des Regens demonstrieren. Der Text betont vor allem die Intensität der Opferbemühungen bei ausbleibendem Erfolg. Sie beten ununterbrochen vom Vormittag bis zum Nachmittag. Sie rufen sogar lauter und verletzen sich selbst – alles um Baal zum Leben zu bringen. Aber Baal antwortet nicht. Er bleibt praktisch im Totenreich stecken, von den Betern unerreicht. Sowohl die Baalspropheten als auch ihr Gott Baal sind machtlos. Ihre Wege und Mittel versagen!

V. 30-35. *Bau des Altars und Vorbereitung des Opfers durch Elia.* Elias Opfervorbereitungen sind gegenüber denen der Baalspropheten sehr detailliert beschrieben. Von jenen wird in einer kurzen Notiz berichtet, dass sie den Stier zubereitet haben (V. 26). Über Elia wird jedoch ausführlich informiert, wie er den Altar wiederherstellt. Dazu benötigt er zwölf Steine und zieht noch einen Graben um den Altar. Diese Opferstelle wird für diesen besonderen Moment geheiligt. Der Graben markiert eine Fläche, die mit zwei Sea Saatgut (ca. 10 l) eingesät werden kann. Gemäß einer Angabe aus dem Talmud entspricht das dem Platz für den Hof der Stiftshütte. Das Ziel Elias wäre damit, dass er mit dem Graben einen heiligen Bezirk um den Altar abgrenzen will, der dem des Vorhofs der Stiftshütte entsprach. Das Volk Israel wäre darin aufgenommen und gleichzeitig von der unreinen Umgebung des Baalsaltars getrennt. **Holt vier Eimer Wasser!** Die zusätzliche Füllung dieses Grabens mit Wasser in V. 35 am Ende geschieht schließlich als Symbol der kultischen Reinigung des Volkes. So wie der Altar mit zwölf Steinen als Symbol für die Vollzahl der Stämme Israels gebaut wird, so wird nun das Brandopfer dreimal mit je vier Eimern Wasser übergossen – also 12 Eimer. Israel ist das Volk des Herrn, was durch die Zahl Zwölf betont wird. Es soll als ganzes Volk zu seinem Gott zurückkehren. In diesem Auftrag handelt Elia als Prophet des Herrn zum Wohle des Volkes.

V. 40. *Hinrichtung der Baalsprophen.* Die Hinrichtung der Baalspropheten ist kein willkürlicher Akt. Er steht in einer Kette von Aktionen, wie sie auch in anderen Passagen des Alten Testament zu erkennen ist. Es handelt sich jeweils um Extremsituationen. Zurückzuführen sind diese Handlungsketten auf ein entstandenes „Unglück" (1 Kön 18,17f). Dieses Unglück bedroht eine Gruppe von Menschen existenziell und ist durch eine bestimmte Person verursacht worden. (Siehe auch Jos 6–7; 1 Sam 14; 2 Sam 21; Jona 1.) Am Anfang steht eine außerordentliche Situation: Eine unerwartete militärische Niederlage, eine Hungersnot, ein ungewöhnlich starker Sturm oder eine ausbleibende Antwort Gottes. Im Fall von Ahab und Elia ist es eine heftige Dürre. Diese bedrohliche Lage wird nicht als zufällig oder Schicksalsschlag interpretiert, sondern es wird ein menschlicher Grund angenommen. Ahab und Elia klagen sich gegenseitig an, für diese Katastrophe verantwortlich zu sein (1 Kön 18,17f).

Der Schuldige muss auf jeden Fall gefunden werden. Ist dieser entlarvt, bekennt er offen seine Schuld. Der wirkliche Schuldige wird hier in 1 Könige 18 deshalb in einem Wettstreit der Götter ausgemacht. In dieser Angelegenheit werden die Baalspropheten als die Unglücksbringer identifiziert. Sie rufen ihren Baal an, der aber im Vergleich mit dem Gott Israels unterlegen ist.

Daraufhin wird der Schuldige aus der Gemeinschaft verwiesen und dem Tod außerhalb des Gebietes der Gruppe übergeben. Deshalb werden die Baalspropheten vom Ort der Auseinandersetzung entfernt und schließlich vom ganzen Volk getötet.

Als Folge daraus normalisiert sich die Situation sogleich. In 1 Könige 18,41-46 setzt der Regen ein.

Keiner soll entkommen. Dem Gericht Elias soll niemand entkommen (*malat*). Dieses Verb wird später auch gebraucht, als das Gericht am Hause Ahabs weitergeführt werden soll. Wer dem Schwert Hasaels oder Jehus entkommt (*malat*), den wird Elisa töten (1 Kön 19,17). Dieses extreme Gericht gegen Feinde ist kein gewöhnlicher Weg Gottes. Erst wenn sich Völker oder Gruppen in ständiger Rebellion gegen ihn und seine auserwählte Gruppe auflehnen, kann es zu derartigen Reaktionen kommen. In der Sache des Baalskultes darf man nicht vergessen, dass Isebel selbst für die Ausrottung der Propheten des Herrn einstand. Der König Israels und das Volk selbst scheinen diesem Treiben nur herzlich wenig entgegengesetzt zu haben. Bevor es zu einem derartigen Gericht durch den Gott Israels kommt, vergehen in diesem Fall seit der Zeit der Richter ca. 500 Jahre!

7 Verzweifelter Glaube

1 KÖNIGE 19,1-21

EINSTIEG
*(15–20 Minuten)
Wählen Sie bitte
eine oder zwei
Fragen aus.*

1. Wie wirkt die Aussage „Ich habe zu viel Stress" auf Sie?

2. Glauben Sie, dass Sie persönlich in unserer Leistungsgesellschaft unter größerem Druck stehen als Menschen früherer Generationen? Inwiefern? Inwiefern nicht?

3. Welche Personen, Termine oder Ereignisse jagen Ihnen Angst ein?

Elia in der Krise

19 ¹ Ahab berichtete Isebel alles, was Elia getan hatte, vor allem, wie er die Propheten Baals mit dem Schwert getötet hatte. ² Da schickte Isebel einen Boten zu Elia, der ihm ausrichten sollte: „Die Götter sollen mich schwer bestrafen, wenn ich dir nicht heimzahle, was du diesen Propheten angetan hast! Morgen um diese Zeit bist auch du ein toter Mann, das schwöre ich!"
³ Da packte Elia die Angst. Er rannte um sein Leben und floh bis nach Beerscheba ganz im Süden Judas. Dort ließ er seinen Diener, der ihn bis dahin begleitet hatte, zurück.
⁴ Allein wanderte er einen Tag lang weiter bis tief in die Wüste hinein. Zuletzt ließ er sich unter einen Ginsterstrauch fallen und wünschte, tot zu sein. „Herr, ich kann nicht mehr!", stöhnte er. „Lass mich sterben! Irgendwann wird es mich sowieso treffen, wie meine Vorfahren. Warum nicht jetzt?" ⁵ Er streckte sich unter dem Ginsterstrauch aus und schlief ein.
Plötzlich wurde er wachgerüttelt. Ein Engel stand bei ihm und forderte ihn auf: „Elia, steh auf und iss!" ⁶ Als Elia sich umblickte, entdeckte er neben seinem Kopf einen Brotfladen, der auf heißen Steinen gebacken war, und einen Krug Wasser. Er aß und trank und legte sich wieder schlafen. ⁷ Doch der Engel des Herrn kam wieder und rüttelte ihn zum zweiten Mal wach. „Steh auf, Elia, und iss!", befahl er ihm noch einmal. „Sonst schaffst du den langen Weg nicht, der vor dir liegt."
⁸ Da stand Elia auf, aß und trank. Die Speise gab ihm so viel Kraft, dass er vierzig Tage und Nächte hindurch wandern konnte, bis er zum Berg Gottes, dem Horeb, kam. ⁹ Dort ging er in eine Höhle, um darin zu übernachten.
Plötzlich sprach der Herr zu ihm: „Elia, was tust du hier?" ¹⁰ Elia antwortete: „Ach Herr, du großer und allmächtiger Gott, mit welchem Eifer

habe ich versucht, die Israeliten zu dir zurückzubringen! Denn sie haben den Bund mit dir gebrochen, deine Altäre niedergerissen und deine Propheten ermordet. Nur ich bin übrig geblieben, ich allein. Und nun trachten sie auch mir nach dem Leben!"

¹¹ Da antwortete ihm der Herr: „Komm aus deiner Höhle heraus, und tritt vor mich hin! Denn ich will an dir vorübergehen." Auf einmal zog ein heftiger Sturm herauf, riss ganze Felsbrocken aus den Bergen heraus und zerschmetterte sie. Doch der Herr war nicht in dem Sturm. Als Nächstes bebte die Erde, aber auch im Erdbeben war der Herr nicht. ¹² Dann kam ein Feuer, doch der Herr war nicht darin. Danach hörte Elia ein leises Säuseln. ¹³ Er verhüllte sein Gesicht mit dem Mantel, ging zum Eingang der Höhle zurück und blieb dort stehen. Und noch einmal wurde er gefragt: „Elia, was tust du hier?" ¹⁴ Wieder antwortete Elia: „Ach Herr, du großer und allmächtiger Gott, mit welchem Eifer habe ich versucht, die Israeliten zu dir zurückzubringen! Denn sie haben den Bund mit dir gebrochen, deine Altäre niedergerissen und deine Propheten umgebracht. Nur ich bin übrig geblieben, ich allein. Und nun trachten sie auch mir nach dem Leben!"

¹⁵ Da gab der Herr ihm einen neuen Auftrag: „Elia, geh den Weg durch die Wüste wieder zurück und weiter nach Damaskus! Salbe dort Hasaël zum König von Syrien! ¹⁶ Danach salbe Jehu, den Sohn Nimschis, zum König von Israel und schließlich Elisa, den Sohn Schafats, aus Abel-Mehola, zu deinem Nachfolger als Prophet. ¹⁷ Wer dem Todesurteil Hasaëls entrinnt, den wird Jehu umbringen; und wer ihm entkommt, den wird Elisa töten. ¹⁸ Aber 7000 Menschen in Israel lasse ich am Leben, alle, die nicht vor Baal auf die Knie gefallen sind und seine Statue nicht geküsst haben."

¹⁹ Als Elia wieder in Israel war, suchte er Elisa, den Sohn Schafats, auf. Elisa pflügte gerade ein Feld. Vor ihm her gingen elf Knechte mit je einem Ochsengespann, und er selbst führte das zwölfte und letzte Gespann. Elia kam ihm über das Feld entgegen, warf ihm seinen Mantel über die Schultern und ging weiter.

²⁰ Elisa ließ seine Rinder stehen, lief hinter Elia her und bat ihn: „Darf ich mich noch von meinen Eltern verabschieden? Danach will ich mit dir kommen." Elia antwortete: „Geh nur, du musst nichts überstürzen!"

²¹ Da eilte Elisa nach Hause und bereitete für seine Familie ein Abschiedsessen zu. Er schlachtete die beiden Rinder, mit denen er gepflügt hatte, machte mit dem Holz ihres Jochs ein Feuer und briet das Fleisch daran. Danach schloss er sich Elia an und wurde sein Diener.

BIBELGESPRÄCH

*(30–40 Minuten)
Wählen Sie ggf.
unter den Fragen
aus.*

1. Wer und was veranlasst Elia zu fliehen (V. 1-3)?

2. Warum will Elia nicht mehr leben (V. 4)?

3. Welche Assoziationen wecken die Versorgung mit Brot und Wasser (19,6 vgl. 17,6; 17,13-16; 18,4.13)?

4. Wie ist die Frage Gottes „Elia, was tust du hier?" zu bewerten (V. 9-14)?

5. Wie reagiert Elia auf das Reden Gottes (V. 10.14)?

6. Welche Rolle spielt Elia in dem neuen Auftrag Gottes (V. 15-18; V. 19-21)?

AUSTAUSCH

(15–30 Minuten)

Wählen Sie ggf. unter den Fragen aus. Sie können das Gespräch mit einem gemeinsamen Gebet abschließen, in dem Sie auf mögliche Fragen und Anliegen Bezug nehmen, die im Gespräch deutlich geworden sind. Fragen, die nicht in der Gruppe thematisiert werden, können Ihnen auch als Anstoß dienen, zu Hause den Text vertiefend zu betrachten.

1. Gibt es aktuell Situationen, in denen Sie sich überfordert fühlen, aber gleichzeitig meinen, nicht aufgeben zu dürfen, weil Gott es so will?

2. Welche Schritte können Sie tun, um anderen Menschen Lasten abzunehmen?

3. Haben Sie schon erlebt, dass Gottes Übersicht und Plan größer sind als unser Erfolg und Scheitern? Erzählen Sie davon.

4. Was haben Menschen durchlebt, die nach einem Zusammenbruch einen langen, aber positiven Weg zu neuer Lebensfreude gegangen sind?

5. Wie hören Sie die Stimme Gottes? Woran erkennen Sie, dass es Gott ist, der redet?

Erläuterungen

Struktur des Textes:
In 1 Könige 19 findet sich eine Kette von Ereignissen. Isebel richtet ihre harten Worte an Elia. Dieser flieht und kann offensichtlich dieser Frau nicht so entgegentreten, wie er das in Kapitel 18 gegenüber den Baalspropheten getan hatte (19,1-3). Er rennt aus seiner Wirkungsstätte Israel fort nach Juda. Während der Flucht wird Elia zweimal wunderbar versorgt (V. 4-9a) und setzt anschließend seine Reise an den Berg Horeb fort. Dort begegnet er Gott (19,9b-14). Seine Antwort auf die Frage: „Was machst du hier?" beschreibt seine aussichtslose Lage (V. 10.14). Die klagenden Erklärungen Elias ab V. 9ff begründen offensichtlich den Todeswunsch und die Resignation des Propheten aus V. 4ff. Nach der Gottesoffenbarung am Horeb gebietet Gott Elia, dass er durch die Wüste zurückgehen soll. Elia bekommt einen modifizierten Auftrag (19,15ff), in dem Elisa als Nachfolger im Kampf gegen die Omridynastie und den Baalskult bestimmt wird (19,15-18). Dieser Elisa wird schließlich am Ende als Diener Elias eingesetzt (19,19-21). Aus dem Textverlauf ergibt sich folgende Struktur:

A Elia flieht vor dem Auftrag Gottes, aus Israel heraus; er lässt seinen Diener zurück (V. 1-3).
    B Elias Resignation und Gottes Initiative: Zweifache Versorgung durch den Engel des Herrn; Elias Weg an den Horeb (V. 4-8)
    B' Elias Resignation und Gottes Initiative: Zweifaches Reden Gottes; Elias Auftrag, nach Damaskus zu gehen (V. 9-18)
A' Elia ist im Auftrag Gottes in Israel; Elisa wird sein Nachfolger und Diener (V. 19-21).

V. 3. da packte Elia die Angst. Ähnlich übersetzen viele Übersetzungen und folgen damit den meisten hebräischen Handschriften, der Septuaginta (der griechischen Bibelübersetzung) und der Vulgata (der lateinischen Übersetzung). Der hebräische Text vokalisiert jedoch so, dass es nicht heißt „und er fürchtete sich", sondern „und er sah". Das Verb kann nämlich in dieser Form mit der Konsonantenfolge wjr' sowohl „und er fürchtete" als auch „und er sah" vokalisiert werden. Die Angst Elias ist eine natürliche Reaktion. Es kann jedoch auch gut angenommen werden, dass Elia nicht einfach nur Angst hat, sondern dass er „sieht" im Sinne von „versteht". Ähnlich verhält es sich mit dem Volk in 1 Könige 18,39. Dort „sehen" sie das herabfallende Feuer Gottes. Das bedeutet auch, dass sie die Bedeutung und Tragweite dieses Ereignisses erkannt haben und sich schließlich zu Boden werfen, um den Herrn anzubeten. Ähnlich wird es sich mit Elia verhalten haben. Er „versteht" die Ernsthaftigkeit und den Nachdruck der Worte Isebels als tatsächliche Lebensgefahr und macht sich daher auf den Weg aus dem Einflussgebiet des Nordreiches Israel in das Südreich Juda.

V. 4. „Lass mich sterben! Irgendwann wird es mich sowieso treffen, wie meine Vorfahren." Wer ist hier mit den Vorfahren gemeint? Dieser Begriff, wörtlich übersetzt mit „Väter", kann in zwei Richtungen gedeutet werden. Erstens: Elia meint hier seine prophetischen Vorgänger. Die Propheten bildeten offensichtlich eine enge Gemeinschaft, und Elisa spricht Elia sogar als „mein Vater" an (vgl. 2 Kön 2,12-18). Die Königebücher schildern immer wieder, wie Propheten aufgetreten waren und Volk und König zur Umkehr gerufen hatten (11,29-39; 13,1-10; 14,1-16; 16,1-4). Aber keiner der Propheten hatte bisher im Nordreich eine geistliche Bewegung, die König und Volk umfasste, hin zu Gott einleiten können. Erst Elia scheint dies in 1 Könige 18 vergönnt zu sein. Die anschließende Retourkutsche Isebels macht für Elia alle Hoffnungen zunichte. Daher wäre er in diesem Sinne auch nicht besser als seine prophetischen Vorreiter. – Zweitens: Die „Vorfahren" Elias lassen sich in Verbindung mit dem Volk Israel insgesamt in Verbindung bringen. Die Israeliten sollten das Land Kanaan in Besitz nehmen und das Gesetz Gottes in allen Belangen des alltäglichen Lebens umsetzen. Die nun verbreitete Verehrung Baals zeigt aber, dass Israel unter dem Einfluss Isebels in der Tat auf dem geistlichen Niveau der Kanaanäer angelangt ist. Israel hatte es damals nicht geschafft, sich von Baal zu distanzieren und seinem Gott in Religion, Kultur, Politik und Wirtschaft zu vertrauen. Nach der Reaktion Isebels erkennt Elia nun, dass er gegen Isebel auch nicht ankommen wird. Daher wird seine geistliche Initiative in der langfristigen Perspektive wahrscheinlich kläglich scheitern – so wie bei seinen israelitischen Vorfahren.

V. 12. leises Säuseln. Die meisten Übersetzungen und Kommentatoren deuten diese Worte als leise, gerade noch hörbare Stimme. Die Deutung des betreffenden hebräischen Begriffspaares in Beziehung zu „Stimme" (hebr. *qol*) ist jedoch gar nicht so einfach, weil es im Alten Testament nur an dieser einen Stelle in dieser Kombination vorkommt (*qol demamah daqqah*). Daher gibt es auch einige wenige Ausleger, die gegenteilig als „lautes Brüllen" übersetzen. Der entscheidende Punkt im Text ist der Inhalt der „Stimme" (hebr. *qol*). Denn der Text betont, dass Gott sich eben nicht einfach nur in den Naturphänomenen Wind, Erdbeben oder Feuer zeigt (V. 11.12). Darin erkannten die Menschen damals die Gottheit Baal. Der Gott Israels kann zwar auch mit Feuer antworten, wie er es gerade erst bewiesen hatte (1 Kön 18,38), aber viel wichtiger ist, dass Gottes „Stimme" an den Menschen gerichtet ist. Gott hatte am Horeb schon einmal bei der Offenbarung des Gesetzes an Israel mit Erdbeben und Feuer gesprochen (5 Mo 5,25). Aber er sprach eben auch mit Worten, die an das Volk Israel gerichtet waren. Die „Stimme" Gottes ist also kein „leises Säuseln", das man nur sehr schwer wahrnehmen kann. Es ist vielmehr eine „Stimme", die glasklar an den Propheten gerichtet ist. Von Elia wird eine Antwort erwartet!

V. 7. ein Engel. Wörtl. „ein Engel des Herrn". Zur Zeit der tiefsten Resignation tritt in Kapitel 19 ein Engel auf, der Elia versorgt, aber von dem Elia auch Befehle empfängt. Bisher wurde uns in Kapitel 17 und 18 davon berichtet, dass Elia durch das Reden Gottes zu einem Ortswechsel aufgerufen wurde. Das Erscheinen des Engels des Herrn verdeutlicht, dass die folgenden Befehle ebenso in der Autorität Gottes ergehen. Dem damaligen Leser werden die Anknüpfungspunkte an den „Engel des Herrn" in den Schilderungen der Wüstenwanderung Israels wahrscheinlich nicht entgangen sein. So sieht sich Elia in der Reihe seiner Väter und wandert in 40 Tagen zum Horeb, was eine Anspielung auf die 40 Jahre der Israeliten in der Wüste zu sein scheint. 2 Mo 23,20ff betont, wie wichtig es ist, während der Wüstenwanderung gerade auf den Engel des Herrn zu hören (V. 20). Wer ihm gehorcht, wird die Feinde besiegen (V. 22f) und die fremden Götter beseitigen (V. 24). Gott wird den, der seinem Engel dient, mit Brot und Wasser segnen (V. 25). In 1 Könige 19 wird nun die Ernsthaftigkeit des Befehls auch durch das zweimalige Wecken betont. Gott versorgt Elia mit Brot und Wasser, aber Elia kann trotzdem nicht mehr. Elia erinnert sich offensichtlich nicht an vergangene Situationen, in denen er oder andere ähnlich versorgt, bewahrt und ermutigt wurden (vgl. 17,6; 17,13-16; 18,4.13). **„Sonst schaffst du den langen Weg nicht, der vor dir liegt."** Elia gebraucht die Stärkung dazu, um an den Berg Horeb zu gelangen. Aber dort scheint Gott ihn nicht erwartet zu haben.

V. 9. „Elia, was tust du hier?" Diese Frage deutet darauf hin, dass Gott weiterhin an den Kampf gegen Baal und seine Protagonisten gedacht hatte. Denn der Horeb ist nicht der Auftragsort Elias. Dann ginge es bei dem „langen Weg" im Auftrag des Engels in V. 7 nicht um den Weg an den Horeb, sondern Elia soll offensichtlich den Weg wieder zurückgehen, den er gekommen ist (V. 4). Gott hatte Elia nicht zur Flucht aus dem Einflussgebiet Isebels veranlasst. Es war Elia selbst, der diese Initiative ergriffen hatte. Der Engel stärkt ihn, um ihn wieder zu seinem Auftrag zurückzubringen. Elia aber weigert sich (vgl. V. 10 und 14). Letztlich bringt Gott selbst ihn wieder auf den „Weg" zurück (V. 15).

V. 15. einen neuen Auftrag. Elia war nicht einfach depressiv, wurde dann von Gott berührt und konnte daraufhin wieder voll durchstarten. Diese Sicht der Dinge vereinfacht nicht nur die Realität vieler Menschen in ihrem Leben mit Gott, sie spiegelt auch nicht die Absicht des Textes wider. Der lange Abschnitt V. 9-18 zeigt die ambivalente Haltung Elias Gott gegenüber:

A   Elia in der Höhle (V. 9a)
  B   Wort Gottes: „Elia, was tust du hier?" (V. 9bc)
    C   Antwort Elias: „Nur ich bin übrig geblieben, ich allein." (V. 10)
      D   Naturerscheinungen: Wind, Erdbeben, Feuer; leise Stimme (V. 11-12)
A'   Elia in der Höhle (V. 13ab)
  B'   Stimme Gottes: „Elia, was tust du hier?" (V. 13c)
    C'   Antwort Elias: „Nur ich bin übrig geblieben, ich allein." (V. 14)
      D'   Salbungsaufträge: Hasael, Jehu, Elisa; kleiner Überrest (V. 15-18)

Das besondere an der Gegenüberstellung dieser beiden Reihen (V. 9a-12 und V. 13-18) ist auf der einen Seite die doppelte Resignation Elias und auf der anderen Seite die modifizierte Antwort Gottes. Auch wenn Elia in seiner Resignation stecken bleibt und keine Kraft mehr hat, so spricht Gott ihn weiter an. Elia kann den Auftrag Gottes zwar nicht mehr zum Ende führen, aber zumindest aufnehmen und an andere weitergeben. Gott wird auch weiterhin zeigen, dass er Baal überlegen ist, und er führt seinen Plan bis ans Ziel. Wichtig für Elia ist die Berufung seines Nachfolgers Elisa (V. 19-21). Damit gibt Elia seinen Beitrag für den Plan Gottes, auch wenn Elia nicht mehr so dynamisch agieren kann, als es noch in 1 Könige 18 den Anschein hatte. Aber: Elia ist nicht allein! Gottes Sicht der Dinge ist größer und weiter. Und es gibt noch andere, die das gleiche Anliegen haben wie er (V. 18). Auch die gebraucht Gott!

8 Missbrauchter Glaube

1 KÖNIGE 21,1-16

EINSTIEG

*(15–20 Minuten)
Wählen Sie bitte eine oder zwei Fragen aus.*

1. Was lösen Nachrichtenmeldungen über Korruption, Machtmissbrauch oder anderes offensichtlich „himmelschreiendes" Unrecht in Ihnen aus?

2. Beim welchem ‚Mächtigen' würden Sie gern einmal bei internen Beratungen dabei sein? Was reizt Sie daran?

3. Für welches Anliegen würden Sie einen Konflikt mit deutlich einflussreicheren Menschen riskieren?

4. Was halten Sie von dem Satz: „Der Zweck heiligt die Mittel"? Wo erleben Sie, dass er angewendet wird?

Isebels Mord an Nabot

¹ König Ahab von Samaria besaß in der Stadt Jesreel einen Palast. Direkt an sein Grundstück grenzte ein Weinberg, der einem Mann aus Jesreel gehörte. Er hieß Nabot. ² Eines Tages sagte der König zu Nabot: „Verkaufst du mir deinen Weinberg? Ich möchte einen Gemüsegarten anlegen, und dein Grundstück wäre am besten dafür geeignet, weil es gerade neben meinem Palast liegt. Ich gebe dir dafür einen besseren Weinberg, oder ich zahle dich aus. Was ist dir lieber?"

³ Doch Nabot antwortete: „Niemals verkaufe ich dir dieses Grundstück, das Erbe meiner Vorfahren! Der Herr bewahre mich davor!"

⁴ Missmutig ging Ahab in den Palast zurück. Er war wütend, dass Nabot ihm den Weinberg nicht verkaufen wollte, nur weil es ein Erbstück seiner Vorfahren war. Vor Ärger rührte er sein Essen nicht an, sondern legte sich ins Bett und drehte sich zur Wand.

⁵ Seine Frau Isebel sah nach ihm und fragte: „Warum bist du so schlecht gelaunt und willst nichts essen?" ⁶ „Weil dieser Nabot aus Jesreel mir seinen Weinberg nicht geben will!", antwortete Ahab. „Ich wollte ihm einen ansehnlichen Betrag dafür bezahlen. Ich bot ihm auch an, den Weinberg gegen einen anderen zu tauschen, falls er das lieber möchte. Aber er lehnte stur ab."

⁷ Da antwortete Isebel: „Bist du der König von Israel oder nicht? Gut, dann steh jetzt auf, iss etwas, und vergiss deinen Ärger! Du sollst deinen Weinberg haben! Ich nehme die Sache in die Hand!" ⁸ Sie schrieb im Namen des Königs einige Briefe, verschloss sie mit dem königlichen Sie-

gel und verschickte sie an die Ältesten und die einflussreichen Männer der Stadt Jesreel. ⁹ In den Briefen stand: „Ruft einen Tag der Buße aus, und versammelt das ganze Volk! Weist Nabot einen Platz ganz vorne zu. ¹⁰ Sorgt aber dafür, dass zwei bestochene Zeugen in seiner Nähe sitzen. Sie sollen ihn vor aller Augen anschuldigen und rufen: ‚Dieser Mann hat über Gott und den König gelästert!' Dann führt ihn aus der Stadt hinaus und steinigt ihn."

¹¹ Die Ältesten und die einflussreichen Männer von Jesreel führten alles aus, was die Königin in ihrem Brief angeordnet hatte. ¹² Sie riefen einen Tag der Buße aus und wiesen Nabot in der Versammlung den vordersten Platz zu. ¹³ Die beiden falschen Zeugen setzten sich in seine Nähe und belasteten ihn schwer mit ihren Aussagen. „Nabot hat über Gott und den König gelästert!", riefen sie der Menge zu. Da führte man ihn aus der Stadt hinaus und steinigte ihn. ¹⁴ Die Stadtobersten ließen Isebel ausrichten: „Nabot wurde gesteinigt. Er ist tot."

¹⁵ Kaum hatte Isebel diese Nachricht erhalten, sagte sie zu Ahab: „Der Weinberg gehört dir! Nabot aus Jesreel, der ihn um nichts in der Welt an dich verkaufen wollte, ist tot." ¹⁶ Als Ahab das hörte, ging er sogleich hinaus, um den Weinberg in Besitz zu nehmen.

BIBELGESPRÄCH

(30–40 Minuten) Wählen Sie ggf. unter den Fragen aus.

1. Welche geistliche Haltung zeigt Nabot in der Antwort auf Ahabs Angebot (V. 3)? Ist seine Weigerung für Sie nachvollziehbar?

2. Was sagt die Reaktion Ahabs in Vers 4 über seine Rolle als König vor Gott und dem Volk Israel aus?

3. Wie betonen die Verse 8-14 die führende Rolle Isebels?

4. Welche Gebote Gottes bricht Isebel?

5. Welche Rolle spielen das Volk und die lokalen Autoritäten bei den Intrigen Isebels (V. 8-12)?

AUSTAUSCH
(15–30 Minuten)

Wählen Sie ggf. unter den Fragen aus. Sie können das Gespräch mit einem gemeinsamen Gebet abschließen, in dem Sie auf mögliche Fragen und Anliegen Bezug nehmen, die im Gespräch deutlich geworden sind. Fragen, die nicht in der Gruppe thematisiert werden, können Ihnen auch als Anstoß dienen, zu Hause den Text vertiefend zu betrachten.

1. „Macht korrumpiert." Stimmen Sie diesem Satz zu? Sollten Christen auf Machtpositionen verzichten?

2. Wo ist Ihnen Macht verliehen? Oder: Für wen haben Sie eine Verantwortung von Gott bekommen? Was ist Ihnen bei der Wahrnehmung dieser Verantwortung wichtig?

3. Welche Positionen und Möglichkeit haben Sie, um benachteiligten Menschen zu ihrem Recht zu verhelfen? Wo und wie könnte Ihre Gemeinde sich hier einsetzen?

4. „Das Böse siegt nur deshalb, weil gutwillige Menschen nichts tun." Was löst dieser Satz in Ihnen aus?

Erläuterungen

Struktur des Textes:
Innerhalb von 1 Könige 21 gibt es zwei Abschnitte. In V. 1-16 will Ahab den Weinberg Nabots erwerben. Nabot lehnt dieses Angebot des Königs ab. Um Ahab doch noch zu dem Weinberg zu verhelfen, schaltet sich seine Frau Isebel ein und nimmt sich dieser Sache persönlich an. Schließlich wird Nabot aufgrund falscher Anschuldigungen gesteinigt. Ahab kann am Ende ‚seinen' Weinberg in Besitz nehmen. Das, was dort passiert ist, kann aber nicht ohne prophetische Reaktion bleiben. Deshalb konfrontiert Elia Ahab mit Verbrechen und den Konsequenzen für ihn und seine Frau (V. 17-29).
Der Text entfaltet sich durch die Darstellung und die Rollen der unterschiedlichen Personen. Die Erzählung wird praktisch von Person zu Person weitergegeben. Ausgangs- und Endpunkt ist der Weinberg Nabots: Nabot und Ahab à Ahab und Isebel à Isebel und Älteste und Älteste und falsche Zeugen à falsche Zeugen und die Ältesten bis zur Steinigung à Älteste und Isebel à Isebel und Ahab.
Der Handlungsbogen beginnt mit Ahabs Wunsch, den Weinberg Nabots zu kaufen. In dem sich anschließenden Gespräch zwischen Ahab und Isebel wird die Person vorgestellt, die den Hauptteil der ganzen Erzählung kontrolliert. Denn V. 8-14 als Mittelpunkt der Erzählung verdeutlicht das zielgerichtete, aber auch missbräuchliche Auftreten Isebels:

A Ahab versucht den Weinberg Nabots zu kaufen (V. 1-4)
   B Gespräch zwischen Ahab und Isebel, die die Initiative übernimmt (V. 5-7)
      C Isebel lässt mit Hilfe der Ältesten Nabot töten (V. 8-14)
   B' Gespräch zwischen Ahab und Isebel, die zu ihrem Ziel gelangt ist (V. 15)
A' Ahab nimmt den Weinberg Nabots (umsonst) in Besitz (V. 16)

V. 4. Missmutig ging Ahab in den Palast zurück. Er war wütend. Diese Reaktion Ahabs kommt dem Leser sofort bekannt vor. Denn am Ende von 1 Könige 20 bekam Ahab aufgrund seines Ungehorsams durch einen Propheten seine Bestrafung und Tod vor Augen gestellt. Daraufhin berichtet V. 43: „Zornig ging der König weiter und kam schlecht gelaunt zu Hause in Samaria an." Nach diesen Ereignissen schließt sich nun 1 Könige 21 an. Nur nach wenigen Versen lesen wir, dass sich die Haltung Ahabs nicht verändert hat. Er ist missmutig und schlecht gelaunt bzw. zornig und wütend. (Verstärkt wird diese literarische Verbindung dadurch, dass im hebräischen Text sowohl in 20,43 als auch in 21,3 das gleichen Wortpaar gebraucht wird.) Ahab hat aber nicht nur schlechte Laune, sondern hinter dieser Reaktion steckt eine ablehnende Haltung dem prophetischen Wort gegenüber, die sich bei Ahab von Kapitel zu Kapitel verhärtet.

V. 3. dieses Grundstück, das Erbe meiner Vorfahren. Ahab übt seine königliche Macht nicht in Übereinstimmung mit dem Gesetz Gottes aus. Im Gegenteil: Ihn macht die Begründung Nabots, es sei „das Erbe meiner Vorfahren", sehr wütend. Auf dem Hintergrund der bodenrechtlichen Vorstellungen im Alten Testament wäre es für Ahab nicht ohne Weiteres möglich gewesen, an das Erbteil der Vorfahren Nabots zu gelangen. Denn das Land ist die Gabe des Herrn für das Volk Israel. Die Sippen erhalten von diesem Land ein Erbteil. Aber es geht hier nicht nur um Grundbesitz, sondern indem der Israelit Anteil am Land hat, hat er auch Anteil am Heil Gottes! Nabot hätte zwar theoretisch verkaufen können, weil durch die Regelung des Jobeljahres das Erbteil wieder zum Besitzer zurückkommen soll (3 Mo 25). Es können jedoch nur die Nutzungsrechte verkauft werden, nicht der Besitz als solcher. Die Begründung dieser Aussage ist in 3 Mose 25,24 zu finden: Gott, der Herr, ist der Eigentümer des Landes. Israel ist es nur zum Besitz geliehen worden. Das Land ist Lebensgrundlage Israels und untersteht der Verfügungsgewalt Gottes. Deshalb kann Nabot auch nicht einfach sein Land, das ihm von Gott anvertraut ist, verkaufen – nur um ein gutes Geschäft abzuwickeln. Wenn er seinen Anteil am Land aufgäbe, würde er damit das Heil und die Gnade Gottes mit Füßen treten. Es ist offensichtlich davon auszugehen, dass Ahab ein Grundstück neben seinem Palast als ständigen Besitz kaufen wollte, das nicht irgendwann wieder an die Sippe des Verkäufers zurückgehen würde.

V. 7. „Bist du der König von Israel oder nicht?" Nachdem Ahabs Gespräch mit Nabot erfolglos geblieben ist, übernimmt Isebel im Dialog mit ihrem Mann die Initiative. Die Aussage enthält eine gewisse Ironie: Dies wäre eine Aufforderung gewesen, mittels Macht und Autorität an den Weinberg zu gelangen. Stattdessen nimmt Isebel das Heft in die Hand. Diese Tendenz bestätigt sich dadurch, dass Isebel ihre Pläne gar nicht mit Ahab abspricht. Sie ergreift nicht nur die Initiative, sondern schreibt die Briefe an die Ältesten im Namen Ahabs und versiegelt sie sogar mit seinem Siegel (V. 8). Eine Erlaubnis ihres Gatten benötigt Isebel nicht. Das scheinen auch die Verantwortlichen für die Steinigung Nabots verstanden zu haben: Sie lassen Isebel direkt den Vollzug des Auftrags melden (V. 14). Ihnen ist klar, dass Isebel dahinter steckt, obwohl der Auftrag im Namen Ahabs geschah. Isebel hat kein Problem, die richterliche Gewalt der Stadt für sich zu nutzen. Sie schreckt bei ihrem Vorhaben nicht davor zurück, Nabot durch eine falsche Anschuldigung töten zu lassen. Die Autoritäten des lokalen Gerichtes machen mit und sind nur ein Rädchen im Plan der Isebel. Würde man nicht durch den Leser einen Blick hinter den Vorhang bekommen, würde man denken, dass hier das Gesetz Gottes verfolgt wird (Fasten, Bestrafen von Gotteslästerung).

Gott hatte seinem Volk Israel sein Gesetz gegeben. Im Halten dieses Gesetzes wird die grundsätzliche Loyalität gegenüber Gott ausgedrückt. In dem Auftritt Ahabs und Isebels aber werden gleich mehrere Gebote der Zehn Gebote gebrochen: 1. Mord: Isebel veranlasst die unrechtmäßige Steinigung Nabots (V. 10-13). 2. Lüge: Ahab sagt Isebel nur die ‚halbe' Wahrheit (V. 3.6), woraufhin sie ihren Plan zum Erlangen des Weinbergs durchführt (V. 7). Isebel schreibt im Namen Ahabs mit dessen Siegel Briefe an die Ältesten (V. 8). Zwei Zeugen bringen falsche Anschuldigungen gegen Nabot vor (V. 13). 3. Missbrauch des Namens Gottes: Nabot wird vorgeworfen, er habe Gott gelästert (V. 13). 4. Ahab begehrt das Land seines Nächsten (V. 2-4). Fazit: Isebel missbraucht also das Gesetz Gottes. Nabot wird nach dem Plan Isebels vorgeworfen, dass er Gott und König gelästert habe. Derselbe Nabot, der sich in der Ablehnung von Ahabs Angebot auf Gott selbst und das Erbe der Väter berufen hatte, wird nun beschuldigt, dass er gegen Gott gehandelt habe. Isebel kann sich offensichtlich, nach 3 Mo 24,15f handelnd, auf das Gesetz Gottes stützen, um so durch den Mord an Nabot zu ihrem Ziel zu gelangen. Dieser Missbrauch ist nur möglich, weil Ahab als König für Israel versagt. Ahab führt seine Königsherrschaft nicht in Übereinstimmung mit dem Gesetz Gottes aus.

V. 14-16. Nabot … ist tot. Die Verse betonen, dass Isebel und Ahab vor der Tötung von Menschen nicht zurückschrecken, um ihre Interessen durchzusetzen. Der König und die Königin treten für ihre eigene Lust und Laune ein, anstatt sich um die Belange der Bevölkerung zu kümmern. Ahab und Isebel helfen weder den Armen im Land, noch darf ein ordentlicher Bürger wie Nabot am Leben bleiben. Nabot wird zum Statisten, zum Störfaktor, zur lästigen Fliege. Das Leben wird nicht mehr wertgeschätzt. Die Tötung von Menschen zur Erfüllung eigener Wünsche wird zum legitimen Mittel der Wahl. Umso wichtiger ist, dass Gott hier eben nicht zuschaut. Er sagt dem Königshaus sein Ende an (vgl. V. 21-24). Angesichts dieser menschenverachtenden Königsherrschaft greift Gott zu diesem letzten Mittel, um mögliche Opfer, weitere Gewalt und Machtmissbrauch einzudämmen.

9 Bote des Glaubens

2 KÖNIGE 1,1-18

EINSTIEG
*(15–20 Minuten)
Wählen Sie bitte
eine oder zwei
Fragen aus.*

1. Welche Aufgaben hat ein Botschafter?

2. Zu welchen Mitteln und Hilfen greifen Sie, wenn Sie in einer extremen Notlage sind? Von wem erhoffen Sie sich am ehesten Hilfe?

3. Worin erweist sich in Ihren Augen, dass jemand in enger Verbindung zu Gott lebt? Was macht für Sie einen überzeugenden Glauben aus?

Elias Botschaft für König Ahasja

¹ Nach König Ahabs Tod lehnten sich die Moabiter gegen die Herrschaft der Israeliten auf. ² Eines Tages stürzte Ahasja, der neue König, vom oberen Stockwerk seines Palasts in Samaria und verletzte sich schwer. Er schickte einige Diener in die Philisterstadt Ekron und trug ihnen auf: „Geht und fragt Baal-Sebub, den Gott von Ekron, ob ich wieder gesund werde!" ³ Da befahl der Engel des Herrn dem Propheten Elia aus Tischbe: „Elia, geh den Boten entgegen, die der König von Samaria in das Philisterland geschickt hat, und frag sie: ‚Warum reist ihr ins Ausland und wollt Baal-Sebub, den Gott der Stadt Ekron, um Rat fragen? Gibt es denn in Israel keinen Gott? ⁴ Hört, was ich, der Herr, dem König sage: Du wirst nicht mehr gesund werden, sondern bald sterben!'"

Elia führte seinen Auftrag sofort aus, ⁵ und die Boten kehrten daraufhin nach Samaria zurück. „Warum seid ihr schon wieder da?", fragte der König sie erstaunt. ⁶ Sie erwiderten: „Ein Mann kam uns entgegen und schickte uns zu dir zurück. Wir sollen dir Folgendes ausrichten: ‚Der Herr lässt dich fragen: Warum schickst du Boten ins Ausland, die Baal-Sebub, den Gott der Stadt Ekron, um Rat fragen sollen? Gibt es denn in Israel keinen Gott? Weil du das getan hast, wirst du nicht mehr gesund werden, sondern bald sterben!'"

⁷ Ahasja fragte: „Wie sah der Mann aus, der euch in den Weg trat und das sagte?" ⁸ „Er trug einen Mantel aus zottigem Fell mit einem Ledergürtel", antworteten sie. Da rief der König: „Das kann nur Elia aus Tischbe gewesen sein!"

⁹ Sofort schickte er einen Truppenführer mit fünfzig Mann los, um den Propheten gefangen zu nehmen. Sie fanden ihn auf dem Gipfel eines Berges. Der Truppenführer ging zu ihm hinauf und befahl: „Bote Gottes, du sollst sofort mit uns kommen – auf Anordnung des Königs!"

¹⁰ Doch Elia entgegnete: „Wenn ich tatsächlich ein Bote Gottes bin, dann soll Feuer vom Himmel fallen und dich samt deinen fünfzig Männern verzehren!" Da fiel Feuer vom Himmel und verbrannte sie alle.

¹¹ Der König schickte einen anderen Truppenführer mit fünfzig Mann, um Elia zu holen. Er rief dem Propheten zu: „Bote Gottes, du sollst sofort herunterkommen! Der König befiehlt es!" ¹² Und wieder rief Elia: „Wenn ich wirklich ein Bote Gottes bin, dann soll Feuer vom Himmel fallen und dich samt deinen fünfzig Männern verzehren!" Da ließ Gott Feuer vom Himmel fallen, und alle verbrannten.

¹³ Zum dritten Mal schickte der König einen Truppenführer mit seinen fünfzig Mann zu Elia. Aber dieser stieg zu Elia hinauf, warf sich vor ihm zu Boden und flehte ihn an: „Bote Gottes, bitte lass mich und meine fünfzig Männer am Leben! ¹⁴ Ich weiß, dass Feuer vom Himmel fiel und die beiden anderen samt ihren Soldaten verbrannt hat. Aber bitte, verschone wenigstens uns!"

¹⁵ Da sagte der Engel des Herrn zu Elia: „Geh mit ihm hinunter! Du brauchst keine Angst vor ihm zu haben." Elia stand auf, ging mit dem Truppenführer zu König Ahasja und hielt ihm vor: ¹⁶ „Hör, was der Herr dir sagen lässt: ‚Du hast Boten nach Ekron gesandt, die Baal-Sebub, den Gott dieser Stadt, um Rat fragen sollten – als ob es in Israel keinen Gott gäbe, den man fragen kann! Weil du das getan hast, wirst du nicht mehr gesund werden, sondern bald sterben.'"

¹⁷ Was Elia im Auftrag des Herrn vorausgesagt hatte, traf ein: Ahasja starb. Weil er selbst keinen Sohn hatte, wurde sein Bruder Joram sein Nachfolger. Dies geschah im 2. Regierungsjahr König Jorams von Juda, des Sohnes Joschafats. ¹⁸ Alles Weitere über Ahasjas Leben steht in der Chronik der Könige von Israel.

BIBELGESPRÄCH

*(30–40 Minuten)
Wählen Sie ggf.
unter den Fragen
aus.*

1. In 1 Könige 22,53 wird berichtet, dass Ahasja „dem schlechten Vorbild seines Vaters und seiner Mutter" folgte. Was ist Ihnen aus den vergangen Einheiten über Ahab und Isebel bekannt?

2. Wo ergeben sich Verbindungen zur Botschaft von 1 Könige 18 (vgl. Einheit 5) durch das Stichwort „Feuer"? Was hat das mit dem Anspruch Gottes zu tun, der einzig wahre Gott zu sein?

3. Vergleichen Sie die Autorität und den Erfolg der sendenden Personen Ahasja und Elia! Wie verhalten sich z. B. die Boten Ahasjas Elia gegenüber (V. 3-5)?

4. Wessen Worte kommen zum Ziel? Vergleichen Sie die Worte Ahasjas in V. 2 mit denen Elias in V. 17!

5. Missbraucht Elia durch die Sendung des Feuers möglicherweise seine Funktion als Bote Gottes? Gibt es Hinweise dafür? Was könnte dazu Anlass gegeben haben (vgl. V. 15)?

AUSTAUSCH
(15–30 Minuten)

Wählen Sie ggf. unter den Fragen aus. Sie können das Gespräch mit einem gemeinsamen Gebet abschließen, in dem Sie auf mögliche Fragen und Anliegen Bezug nehmen, die im Gespräch deutlich geworden sind. Fragen, die nicht in der Gruppe thematisiert werden, können Ihnen auch als Anstoß dienen, zu Hause den Text vertiefend zu betrachten.

1. Welchen Anspruch stellt Jesus Christus an Menschen, die ihm begegnen?

2. Was bedeutet es für Sie, Botschafter Gottes zu sein?

3. Wie sieht die Herrschaft Gottes in den unterschiedlichen Bereichen des Lebens aus? Wo sind Sie selbst Ihr eigener König, obwohl Christen doch Boten Gottes sind?

4. In welchen Situationen fällt es Ihnen schwer, Bote Gottes zu sein? Wovor haben Sie Angst?

5. Beten Sie füreinander um Weisheit und Mut, Gottes Botschaft auszusprechen und zu tun.

Erläuterungen

1 Kön 22,52–2 Kön 2,1. Nach König Ahabs Tod. 2 Könige 1 überrascht mit der einleitenden Erwähnung der Revolte Moabs in V. 1. Dieser Vers ist von 1 Könige 22,52-54 her zu verstehen. Dort wird die Regierung Ahasjas formelhaft eingeführt, woran sich 2 Könige 1,1 anschließt. Wichtig: Die beiden Königebücher sind ursprünglich ein einziges Buch. Somit stellt dieser Vers keinen neuen Abschnitt dar, welcher ein neues Buch einläutet, sondern ist lediglich ein kurzer Zusatz, der die Schwierigkeiten Israels mit seinen Nachbarn nach dem Tod Ahabs beschreibt. Die wichtige Information besteht darin, dass Moab beim Regierungswechsel in Israel die Möglichkeit ergreift, die Fremdherrschaft abzuschütteln (vgl. auch 2 Kön 13,24f). Offensichtlich hatte Ahab durch den plötzlichen Tod im Krieg gegen Aram in 1 Könige 22 nicht mehr die Möglichkeit, seine Regierung konstruktiv an seinen Sohn und Nachfolger weiterzugeben. Der eigentliche Erzählstrang von 2 Könige 1 fängt mit der Krankheit des Königs und Elias Ankündigung seines Todes an (V. 2ff). Nach mehreren Stationen (vgl. V. 9-15) erfüllt sich diese Aussage Elias in V. 17.

Struktur des Textes:
2 Könige 1 ist eine Veranschaulichung der allgemeinen Beschreibung der Herrschaft Ahasjas aus 2 Könige 22,52-54. Dieser König dient Baal nach dem Vorbild seines Vaters Ahabs. Offensichtlich kann der Leser fast schon damit rechnen, dass Elia – wie schon bei seinem Vater Ahab – entschieden dagegen antreten wird. So liegt der Schwerpunkt

der Struktur hier auf der Konfrontation zwischen Prophet und König (Elia und Ahasja):

A Allgemeine Formel zur Regierungszeit Ahasjas (1 Kön 22,52–2 Kön 2,1)
  B Einleitung: Ahasja ist krank und will von Baal-Sebub eine Auskunft haben, ob er genesen wird (V. 2)
    C Elias Ankündigung des Gerichts gegen Ahasja (V. 3-8)
      D Eskalation: Elia u. die drei Hauptmänner (V. 9-14)
    C' Elias Bekräftigung des Gerichts gegen Ahasja (V. 15-16)
  B' Schlussfolgerung: Ahasja stirbt nach dem Wort des Herrn (V. 17)
A' Schlussformel zur Regierungsherrschaft Ahasjas (V. 18)

V. 3. Baal-Sebub. Von dieser Gottheit wird offensichtlich eine besondere Kraft erwartet, die den todkranken Ahasja heilen soll. Diverse Bezüge lassen sich aufgrund des besonderen Zusatzes „Sebub" herstellen: Zum einen könnte die Bezeichnung „Baal-Sebub" eine Verspottung des Namens „Baal Sebul" sein. Letzteres bedeutet „Baal, der Prinz" oder „Baal der Krankheit". Baal-Sebub wäre dann genau das Gegenteil eines Ehrentitels, nämlich ein „Herr der Fliegen". Eine andere Deutung geht von keiner Änderung des Namens aus. Hier gibt es zwei Deutungsrichtungen. Erstens wird die Bedeutung von „Sebub" zwar auch als „Fliege" erkannt – abgeleitet von dem ugaritischen *dbb* als „Fliege" (Ugaritisch: eine mit dem Hebräischen verwandte Sprache nördlich von Israel). Die Fliege ist hier dann aber nicht Ausdruck von Spott und Verachtung, sondern wird als Gefahr gesehen, die mit Krankheiten und Plagen in Verbindung gebracht wird. Baal-Sebub ist dann ein Gott, der besonders vor Krankheiten bewahren kann. Diese Deutung passt in den Kontext von 2 Könige 1, wo der König offensichtlich derart gestürzt ist, sodass er sogar sterben könnte. Zweitens könnte die Bedeutung von „Sebub" auch von dem aramäischen *shebib* (Dan 3,22; 7,9) als „Flamme" übersetzt werden. Dies würde auch in unseren Zusammenhang passen. Denn Elia zeigt seine Macht durch die Vernichtung mit Feuer. Dagegen kann Ahasja und sein Glaube an den „Herrn der Flamme" nichts ausrichten.

V. 2-8.16. Boten/Diener. Ein ganz entscheidender Punkt in diesem Kapitel ist die Rolle der Boten. Im hebräischen Text steht hier jeweils das eine Wort *mal'ak*. Dieses Wort kann im Deutschen auf unterschiedliche Weise übersetzt werden – so auch in der Hfa. In V. 2 sind es die „Diener", die vom König nach Ekron gesandt werden. Dann redet der „Engel" des Herrn zu Elia (V. 3). Daraufhin geht Elia jenen „Boten" entgegen. In allen drei Fällen steht jedoch das eine Wort *mal'ak*. Am besten vermittelt die Übersetzung „Bote" die Stoßrichtung des Textes. Denn der Bote ist immer der Überbringer einer Botschaft. Er ist beauftragt, offiziell von einer höhergestellten Person eine Nachricht weiterzugeben. Hier in 2 Könige 1 ist auffällig, dass die Boten Ahasjas ganz und gar nicht ihre Botschaft weitergeben können und so ihrem Auftrag nicht gerecht werden. Die Boten werden auf der Reise nach Ekron von Elia aufgehalten. Dieser Elia wiederum ist von dem Boten (Engel) des Herrn beauftragt, die Boten Ahasjas mit einer Botschaft aufzuhalten. Beeindruckend ist, dass sich die Boten Ahasjas dann auch ohne Wenn und Aber wieder zurückschicken lassen. Ahasja selbst ist überrascht, dass sie so schnell wieder zurück sind (V. 5). Dieser Misserfolg stellt natürlich die Autorität des Sendenden in Frage. Denn Ahasja kommt mit seinen Boten nicht zum Ziel. Er wird ohne Weiteres durch den Boten/Engel des Herrn, für den wiederum Elia zum Boten wird, aufgehalten. Selbst als Ahasja dann nicht mehr nur Boten, sondern eine Soldateneinheit losschickt, um Elia gewaltsam zu fassen, können auch diese ‚Soldaten-Boten' den Propheten des Herrn nicht fassen. Auch hier kommt Elia – im Gegensatz zu Ahasja – mit seinen Worten und Taten ans Ziel. Elia geht erst zu Ahasja, als er vom Boten des Herrn den Auftrag dazu bekommt (V. 15). Elia weiß, welchem Herrn er gehorcht. Es ist der Herr, der seinen Boten zu Elia sendet. Demgegenüber stehen König Ahasja und seine Boten, die nicht bei Baal-Sebub ankommen.

V. 4.6.9-12.15. Herabkommen, herabsteigen, herabfallen. Die Rolle der Boten wird eng an die Bewegungsrichtungen der beteiligten Personen gebunden. Ausgangspunkt ist hier das Gerichtswort an Ahasja. Er ist aus dem oberen Stockwerk heruntergefallen. Nun liegt er schwerkrank auf seinem Bett. Von diesem Bett, dass er „bestiegen" hat, wird er nicht mehr „hinuntersteigen". Diese beiden Bewegungen prägen nun die Bewertung der nachfolgenden Gruppen. Dabei wird deutlich, dass Elia von keinem Boten Ahasjas gezwungen werden kann, „hinabzusteigen". Zunächst geht der Truppenführer zu Elia hinauf und befiehlt ihm auf Anordnung des Königs hinunterzukommen (V. 9). Elia aber steigt nicht hinab. Stattdessen fällt das Feuer auf die Soldaten herunter. Der zweite Hauptmann fügt dem Befehl noch ein „sofort" hinzu. Doch auch der strengere Ton führt nicht dazu, dass Elia gehorcht. Sondern auch hier fällt Feuer herab. Erst der dritte Oberste der Truppe demütigt sich vor Elia und befiehlt nicht im Auftrag des Königs Ahasjas, sondern erkennt die Autorität Elias an. Schließlich kommt der Bote/Engel Gottes ins Spiel (V. 15). Nur dieser Bote Gottes kann Elia befehlen, dass er hinuntergehen soll. Ahasja ist praktisch gefangen auf seinem Krankenlager. Er hat keine Autorität, Elia zu bewegen, hinauf- oder hinabzusteigen. Er ist ja selbst nicht dazu in der Lage. Elia aber erscheint als Prophet mit Autorität im Gehorsam gegenüber dem Herrn und seinen Boten.

V. 8. er trug einen Mantel aus zottigem Fell. Offensichtlich besitzt Elia ein äußeres Kennzeichen, das ihn sofort als den Propheten Elia aus Tischbe ausweist. Aus dem hebräischen Text geht nicht klar hervor, was Elia genau anhatte. Er ist, wörtlich, „Besitzer/Herr des Haars". Er hat einen Gürtel und ‚irgendwie' ist er mit Leder umgürtet. Ob Elias Mantel aus besonders langem/haarigem Fell bestand oder ob er besonders langes Haar hatte, spielt letztlich eine untergeordnete Rolle. Die Reaktion Ahasjas zeigt, dass Elia in Kombination mit seinem autoritativen Auftreten sofort als der Elia aus Tischbe identifiziert wird. Mit ihm hatte auch schon sein Vater Ahab Bekanntschaft gemacht (1 Kön 17,1).

V. 10-12. Feuer vom Himmel. Im hebräischen Text wird hier ein Wortspiel deutlich. Wörtlich steht hier: „Wenn ich ein Mann (hebr. *'isch*) Gottes bin, falle Feuer (*'esch*) vom Himmel." Die Autorität des „Mannes" Gottes zeigt sich also dadurch, dass er „Feuer" sendet. Das Vorhaben Ahasjas bzw. des Truppenführers wird auf sie selbst zurückgeführt: Ahasja will Elia fangen und offensichtlich töten lassen. Ansonsten müsste Elia sich nicht fürchten (vgl. V. 15). Nun müssen die Soldaten und später auch Ahasja sterben. Diese Auseinandersetzung, deren Verlauf durch Feuer vom Himmel entschieden wird, erinnert stark an 1 Könige 18. Auch dort wurden der wahre Gott und sein Prophet durch Feuer angezeigt. Auch dort ging es in einem Kampf um Leben und Tod. Für viele Leser mögen diese Schilderungen brutal und einer heutigen Vorstellung von Gott unangemessen sein (vgl. zum Problem der Gewalt im Handeln Gottes auch die Einführung, Abschnitt 5, S. 11ff). An diesem Punkt ergeben sich zwei Ansätze zum Verständnis des Textes, die nicht immer klar voneinander zu trennen sind.

a) Ein Ansatz geht davon aus, dass Gott als heiliger Gott souverän handelt und darin keinem menschlichen Urteil untersteht. Der Gewaltakt Elias erschiene dann als eine Tat, die vom Willen Gottes gedeckt ist, ja, ihn geradezu demonstriert. Dieser Ansatz betont: Gott bleibt Gott, ein heiliger Gott. In seinem Wesen ist Gott nicht beleidigt oder zornig. Er handelt nicht einfach aus einer schlechten Laune heraus. Jedoch führen der Bruch der Beziehung und der Götzendienst zum Zorn und Gericht Gottes. Auch das Neue Testament berichtet von ähnlichen Begebenheiten (vgl. Apg 5,1-11; Röm 12,19; Off 19,11-21).

b) Ein anderer Ansatz rechnet auch mit der Fehlbarkeit der Menschen, die sich für die Heiligkeit Gottes einsetzen. In diesem Zusammenhang muss auch in Erwägung gezogen werden, dass Elia hier möglicherweise sein Amt als Bote Gottes missbraucht. Das Wort Gottes aus V. 3f beinhaltet nur die Vorhersage des Todes aufgrund der Krankheit bei Ahasja. Die Tötung der Soldaten schließt das nicht mit ein. Ferner zeigt V. 15 an, dass Elia offensichtlich Angst hatte. Vielleicht hat ihn diese Angst zur Sendung des Feuers verleitet. Erst als der Engel in V. 15 interveniert, geht Elia mit den Soldaten mit zum König.

10 Staffellauf des Glaubens

2 Könige 2,1-25

EINSTIEG

*(15–20 Minuten)
Wählen Sie bitte
eine oder zwei
Fragen aus.*

1. Welche Menschen bewundern Sie? Warum?

2. Wie würden Sie Ihren Einfluss innerhalb Ihrer Familie beschreiben?

3. Vorauf müssen Staffelläufer bei der Staffelübergabe besonders achten? Was passiert wenn der Staffelstab nicht regelkonform übergeben wird?

4. Was erwarten Sie bei einem Führungswechsel? Tauschen Sie sich über Beispiele in Politik, Sport, Kirche und Gesellschaft aus!

Der Herr holt Elia zu sich

¹ Der Tag kam, an dem der Herr den Propheten Elia in einem Wirbelsturm zu sich in den Himmel holen wollte. An diesem Tag verließen Elia und Elisa die Stadt Gilgal. ² Unterwegs sagte Elia zu Elisa: „Willst du nicht hier bleiben? Ich muss nach Bethel, denn der Herr hat mich dorthin geschickt." Doch Elisa wehrte ab: „So gewiss der Herr lebt und so gewiss du lebst – ich verlasse dich nicht!"

So wanderten sie zusammen hinunter nach Bethel. ³ Dort kamen ihnen einige Prophetenjünger entgegen, die in Bethel zusammenlebten. Sie nahmen Elisa beiseite und fragten ihn: „Weißt du es schon? Der Herr wird heute deinen Lehrer zu sich holen!" „Ja, ich weiß es", antwortete Elisa, „redet bitte nicht darüber!"

⁴ Wieder sagte Elia zu seinem Begleiter: „Elisa, willst du nicht hierbleiben? Ich muss weiter nach Jericho, denn der Herr hat mich dorthin geschickt." Elisa antwortete: „So gewiss der Herr lebt und so gewiss du lebst – ich verlasse dich nicht!"

Sie wanderten gemeinsam weiter und kamen nach Jericho. ⁵ Auch hier sprachen einige Prophetenjünger, die in der Stadt wohnten, Elisa an und fragten ihn: „Weißt du, dass der Herr deinen Lehrer heute zu sich holen wird?" Und wieder antwortete Elisa: „Ja, ich weiß es. Sprecht bitte nicht darüber!"

⁶ Elia fragte Elisa zum dritten Mal: „Willst du nicht hierbleiben? Ich muss weiter an den Jordan, denn der Herr hat mich dorthin geschickt." Doch auch jetzt antwortete Elisa: „So gewiss der Herr lebt und so gewiss du lebst – ich verlasse dich nicht!"

Dann gingen sie gemeinsam weiter. ⁷ Fünfzig Prophetenjünger aus Jericho folgten ihnen. Als Elia und Elisa den Jordan erreichten, blieben ihre

Begleiter in einiger Entfernung stehen. ⁸ Elia zog seinen Mantel aus, rollte ihn zusammen und schlug damit auf das Wasser. Da teilte es sich, und die beiden konnten trockenen Fußes das Flussbett durchqueren. ⁹ Am anderen Ufer sagte Elia zu Elisa: „Ich möchte noch etwas für dich tun, bevor ich von dir genommen werde. Hast du einen Wunsch?" Da antwortete Elisa: „Ich möchte als dein Schüler und Nachfolger doppelt so viel von deinem Geist bekommen wie die anderen Propheten!" ¹⁰ Elia wandte ein: „Das liegt nicht in meiner Macht. Aber wenn der Herr dich sehen lässt, wie ich von hier weggeholt werde, dann wirst du erhalten, worum du gebeten hast. Wenn nicht, dann geht auch dein Wunsch nicht in Erfüllung."

¹¹ Während die beiden so in ihr Gespräch vertieft weitergingen, erschien plötzlich ein Wagen aus Feuer, gezogen von Pferden aus Feuer, und trennte die Männer voneinander. Und dann wurde Elia in einem Wirbelsturm zum Himmel hinaufgetragen. ¹² Elisa sah es und schrie: „Mein Vater, mein Vater! Du Beschützer und Führer Israels!"

Doch schon war alles vorbei. Aufgewühlt packte Elisa sein Gewand und riss es entzwei. ¹³ Dann hob er Elias Mantel auf, der zu Boden gefallen war, und ging zum Jordan zurück. ¹⁴ Wie vorher sein Lehrer Elia schlug jetzt er mit dem Mantel auf das Wasser und rief: „Wo ist der Herr, der Gott Elias?" Da teilte sich das Wasser, und Elisa konnte den Fluss wieder durchqueren.

¹⁵ Als die Prophetenjünger, die den beiden Männern aus Jericho gefolgt waren, Elisa zurückkommen sahen, sagten sie zueinander: „Der Geist Elias ist nun auf Elisa übergegangen!" Sie liefen zu ihm und warfen sich ehrfürchtig vor ihm zu Boden. ¹⁶ „Meister", sagten sie, „ein Wort von dir genügt, und wir schicken unsere fünfzig kräftigsten Männer los, um deinen Lehrer zu suchen! Vielleicht hat der Geist des Herrn ihn nur von hier weggetragen und irgendwo auf einen Berg oder in ein Tal geworfen."

Elisa wehrte ab. ¹⁷ Doch sie ließen nicht locker, bis er schließlich nachgab und sagte: „Meinetwegen schickt sie los." Drei Tage lang suchten die fünfzig Männer nach Elia, doch ohne Erfolg. ¹⁸ Endlich kehrten sie zu Elisa zurück, der in Jericho geblieben war. Er bemerkte nur: „Ich habe euch ja gleich gesagt, dass ihr euch die Mühe sparen könnt!"

¹⁹ Die Bürger der Stadt Jericho kamen zu Elisa und klagten: „Herr, wie du siehst, liegt unsere Stadt in einer guten, fruchtbaren Gegend. Aber das Wasser hier ist schlecht, und darum gibt es bei uns immer wieder Fehlgeburten."

²⁰ Elisa befahl: „Bringt mir eine neue Schüssel, und füllt sie mit Salz!" Sie brachten ihm die Schüssel mit Salz, ²¹ und er ging damit vor die Stadt hinaus zur Quelle, schüttete das Salz ins Wasser und rief: „So spricht der Herr: ‚Ich mache dieses Wasser gesund; nie mehr soll es seinetwegen Tod und Fehlgeburten geben!'" ²² Von diesem Augenblick an war das Wasser gut und ist es bis heute geblieben, genau wie Elisa es gesagt hatte.

²³ Von Jericho ging Elisa wieder nach Bethel. Als er zur Stadt hinaufwan-

derte, lief ihm eine Horde kleiner Jungen entgegen. Sie machten sich über ihn lustig und riefen im Chor: „Glatzkopf, fang uns doch! Glatzkopf, fang uns doch!" 24 Elisa blieb stehen, sah sie an und verfluchte sie im Namen des Herrn. Da kamen zwei Bärinnen aus dem Wald heraus, fielen über die Kinder her und zerrissen zweiundvierzig von ihnen. 25 Elisa wanderte weiter zum Berg Karmel, und von dort kehrte er schließlich nach Samaria zurück.

BIBELGESPRÄCH

*(30–40 Minuten)
Wählen Sie ggf.
unter den Fragen
aus.*

1. Versuchen Sie die Reiseroute von Elia und Elisa nachzuvollziehen (vgl. Kartenmaterial in Ihrer Bibelausgabe).

2. Wie wird Elisa als Nachfolger bestätigt?

3. Weshalb ist die Bestimmung eines Nachfolgers für Elia so wichtig?

4. Welche Bedeutung haben die beiden kurzen Erzählungen am Ende für den Dienst Elisas (2,19-24)?

5. Wie erklären Sie sich die heftige Reaktion Elisas in V. 23-24?

AUSTAUSCH

(15–30 Minuten)

Wählen Sie ggf. unter den Fragen aus. Sie können das Gespräch mit einem gemeinsamen Gebet abschließen, in dem Sie auf mögliche Fragen und Anliegen Bezug nehmen, die im Gespräch deutlich geworden sind. Fragen, die nicht in der Gruppe thematisiert werden, können Ihnen auch als Anstoß dienen, zu Hause den Text vertiefend zu betrachten.

1. In welchen Bereichen des Glaubens ist es wichtig Nachfolger zu erwählen, zu begleiten und einzusetzen?

2. Von welchem Glaubensvorbild haben Sie viel gelernt?

3. Woran erweist sich für Sie, ob jemand geistliche Autorität hat? Gibt es Menschen, von denen Sie sich „im Namen Gottes" etwas sagen lassen würden?

4. Kennen Sie Menschen, die heute „prophetisch" wirken? Wie prüfen Sie, ob ihre Botschaft echt ist?

Erläuterungen

Struktur des Textes:
Der Textverlauf in 2 Könige 2 lässt sich von unterschiedlichen Perspektiven her betrachten. Eine lineare Gliederung erkennt vier Unterabschnitte. Zunächst beschreiben V. 1-18 die Hinwegnahme Elias mit Elisa als seinen Nachfolger. Dann folgen zwei kurze Einheiten: V. 19-22 zeigt, wie Elisa das Wasser in Jericho „gesund macht". V. 23-24 ist uns die schier unglaubliche Geschichte überliefert, als 42 Kinder sterben, nachdem sie Elisa als Glatzkopf verspottet hatten. Das Kapitel endet mit einer (Rand-)Notiz zum weiteren Verlauf des Dienstes Elisas und seinem Weg an den Karmel und nach Samaria (V. 25).

Nimmt man den Umfang dieser Unterabschnitte wahr, dann erkennt man eine Trichterform bzw. Zuspitzung zum Ende hin. Die Textlänge der vier Unterabschnitte nimmt zum Ende hin ab: 18 Verse, 4 Verse, 2 Verse, 1 Vers. Die Ausführlichkeit der Erzählung nimmt also ab. Gleichzeitig steigt damit aber auch das Erzähltempo. Schließlich wartet der Leser praktisch am Ende, was denn nun weiter mit Elisa in Samaria passieren wird. Denn inhaltlich sagt V. 25 nicht allzu viel aus, bereitet aber für weitere Erzählungen zu Elisa ab 2 Könige 3 vor.

Eine weitere Ansicht von 2 Könige 2 ergibt sich durch die geografischen Elemente. Denn die Ortsangaben der Reise Elias und Elisas zeigen einen symmetrischen Aufbau:

A Gilgal (V. 1)
  B Bethel (V. 2-3)
    C Jericho (V. 4-5)
      D am Jordan -> durch den Jordan (V. 6-8)
        E Elias Himmelfahrt (V. 9-12)
      D' am Jordan -> durch den Jordan (V. 13-14)
    C' Jericho (V. 15-22)
  B' Bethel (V. 23-24)
A' Karmel/Samaria (V. 25)

Besonders klar stechen die Elemente BCD hervor. Elia geht mit Elisa von Bethel nach Jericho bis an den Jordan. Nach der Himmelfahrt Elias ist Elisa als sein Nachfolger erkannt und macht sich auf den Weg zurück. Dabei geht er die zuvor durchlaufenen Stationen wieder zurück (D'C'B'). **Gilgal** (A) am Anfang und **Karmel/Samaria** (A') verbindet auf den zweiten Blick doch einige Aspekte: V. 25 mit der Erwähnung des Karmels ruft an dieser Stelle die Erzählung aus 18,20ff in Erinnerung. Damit verbunden ist das Ringen Elias, dass Israel in den Bund mit Gott zurückkehren und Baal als Gottheit absagen soll. Die Gottlosigkeit Israels wird darüber hinaus im Königebuch unmissverständlich mit Ahab und seinem Regierungssitz in Samaria verbunden. Eine gedankliche Verbindung von Gilgal und Karmel könnte der Leser durch die Zahl „Zwölf" hergestellt haben. Die Verbindung kommt durch den Bau des Altars zustande. Elia nahm dort zwölf Steine gemäß der Anzahl der Stämme Israels (1 Kön 18,31). Genau diese Idee wird auch in Josua 4,2ff verfolgt. Dort wird jeweils ein Stein für jeden Stamm aus dem Jordan genommen, und schließlich werden jene zwölf Steine nach dem Zug durch den Jordan in Gilgal zum Gedenken wieder aufgerichtet (Jos 4,19ff). Mit diesem Vorwissen erkennt der kundige Leser auch die Beziehung von Gilgal mit Karmel zum Jordan im Zentrum von 2 Könige 2. Elisa folgt wie Elia dem Ziel, das Volk Israel zu ermahnen und in den Bund mit Gott zurückzuführen (Gilgal, Karmel). Folgt es weiter Baal, der auch durch Ahab und Ahasja in Samaria verehrt wird, folgt das Gericht. Elisa geht noch einen Schritt weiter. Er wendet sich an das Volk und exemplarisch an einzelne Vertreter, um zu demonstrieren, dass Gott Israel auch im Angesicht des drohenden Exils retten und Heil im Land schenken kann.

V. 1.11. Wirbelsturm; Wagen aus Feuer. Sturm und Feuer sind Naturphänomene, die mit dem Handeln, Kommen und Reden Gottes in Verbindung gebracht werden (Ps 50,3ff). Wenn Gott aus dem (Wirbel-)Sturm spricht, dann offenbart er sich in besonders klarer Art und Weise (z. B. 38,1; 40,6). Mit der Hinwegnahme des Elia im Wirbelsturm kündigt das Kapitel also ein besonderes Eingreifen Gottes in unsere irdische Befindlichkeit an. Für Israel tritt Gott im Sturm als Retter auf (Nah 1,3), aber auch im Gericht (Jer 25,32). An dieser Stelle zeigt Gott, in welch besonderer Weise er den Propheten Elia behandelt. Zwar war die politische Macht Ahabs und Ahasjas gewachsen, aber keiner der Könige vermochte eine geistliche Perspektive für Israel innerhalb des Bundes mit Gott aufzubauen. Gottes feurige Streitkräfte sind jedoch mächtiger als die der Könige Israels (vgl. auch 2 Kön 6,14-17). Gott selbst vollzieht die Trennung zwischen Elia und Elisa durch die Pferde und den Wagen aus Feuer. Das macht den Weg frei, dass Elia im Wirbelwind in den Himmel hinaufgetragen wird. Ahab und Ahasja hatten mit ihren irdischen Mitteln keinen Erfolg. Gott bestimmt jedoch einen Nachfolger für Elia, sogar ohne dass dieser Prophet stirbt!

V. 2. hinunter nach Bethel. Geografisch ist diese Wegbeschreibung schwerlich nachzuvollziehen. Denn V. 2 spricht von Gilgal als Ausgangspunkt. Von der topografischen Lage her müsste man hinaufsteigen: Von Gilgal am Jordan hinauf ins Hügelland nach Bethel. Ein Lösungsvorschlag könnte darin liegen, dass nicht unbedingt der Anfangs- und der Zielort in der Topografie einander gegenübergestellt werden. Elia und Elisa gehen zunächst ausdrücklich von Gilgal fort. Erst später erfolgt das Gespräch und dann gehen sie weiter nach Bethel. Nach dem Verlassen der Stadt Gilgal in V. 1 vergeht damit ein Zeitraum bzw. Elia und Elisa bewegen sich irgendwo an einem anderen Ort, der höher als Bethel gelegen ist. Hier würde dann das Gespräch mit V. 2 einsetzen. Diese Erklärung geht davon aus, dass der damalige Leser in der topografischen Umgebung bewandert war. Es muss offensichtlich klar sein, auch wenn es für den heutigen Leser mit seinen begrenzten Informationen unklar bleibt.

V. 9. doppelt so viel von deinem Geist. Bei dem Geist des Elia geht es um die besondere Autorität und Kraft, um für die Könige und das Volk wirksam als Prophet des Herrn auftreten zu können. Als Schüler Elias steht Elisa in einem engen Verhältnis zu Elia, den er in V. 12 auch „mein Vater" nennt. Gemäß 5 Mose 21,17 hat der erstgeborene Sohn ein Recht auf den doppelten Anteil des Erbes. Elisa bekommt also nicht ‚doppelt so viel Geist' wie Elia selbst hatte, sondern Elisa will der rechtmäßige Nachfolger Elias als Prophet des Herrn sein. Deshalb weicht er nicht von seiner Seite: „Ich verlasse dich nicht" (V. 2.4.6). Elisa ist bewusst, dass Elia bald in den Himmel aufsteigen wird. Deshalb bleibt er bei Elia, um den Geist Elias zu bekommen. Als sichtbares Zeichen empfängt Elisa den **Mantel** als ‚Werkzeug' Elias, mit dem Elisa das gleiche Wunder vollbringen kann wie sein Vorgänger (V. 8.14). Damit ist auch für die Prophetenjünger klar, dass Elisa der rechtmäßige Nachfolger Elias ist: „Der Geist Elias ist nun auf Elisa übergegangen!" (V. 15).

V. 3.5.7.15-18. Prophetenjünger. Einige Passagen deuten auf einen Aufenthalt am Jordan hin (Gilgal): Gerade in 2 Könige 2 treten die Prophetenjünger auf dem Weg an den Jordan auf. 2 Könige 4,38-41 berichtet von der Speisung dieser Gruppe in Gilgal am Jordan. 2 Könige 6,1-7 zeigt eine Szene, in der die Prophetenjünger ihren Wohnraum in der Nähe des Jordan ausweiten möchten. Als Jünger waren sie dem Oberhaupt Elisa untergeordnet. Aus einigen Textstellen lässt sich entnehmen, dass es dieser Gruppe sozial und wirtschaftlich schlecht ging. So hilft dann gerade Elisa diesen Jüngern bei sozialer Ungerechtigkeit (2 Kön 4,1-7) und Nahrungsmittelknappheit (4,38-44). Elisa kümmerte sich also besonders im Namen des Herrn um die Bedürftigen in Israel. Ein enger Kern, der diese Hilfe erfährt, wird sich als Gruppe verstanden haben, der auch das geistliche Anliegen Elias mitgetragen haben wird. Daher tauchen auch Prophetenjünger auf, wenn sie Botschaften an den König weitergeben (1 Kön 20,35-43; 2 Kön 9,1-10).

V. 23-24. eine Horde kleiner Jungen. Der Ausdruck „kleine Jungen" assoziiert im Deutschen ein Alter von ca. 4-8 Jahren. Jedoch ist die Übersetzung und Verbindung von „klein" und „Jungen" missverständlich. Denn auch David wird in 1 Sam 16,11f als „klein" bezeichnet. Dort fragt Samuel nach den „Jungen" von Isai, in deren Reihe David als „kleinster" (jüngster) fehlte. Er ist aber offensichtlich dazu in der Lage, selbstständig die Schafe zu hüten. Mehr noch, er hat sich eben als „Junge" gegen Löwen und Bären behaupten können (1 Sam 16,34-37). Auch König Saul nimmt David als einen „Jungen" wahr, der gegen den Riesen Goliath kämpfen will (1 Sam 16,33). Wie bei David geht es auch in 2 Kön 2,23-24 nicht um Kinder oder kleine Jungen. Es sind mindestens Teenager, wenn nicht Jugendliche oder junge Erwachsene. **Da kamen zwei Bären ... und zerrissen zweiundvierzig von den Kindern.** Dennoch scheint diese Bestrafung mit dem Tod unverhältnismäßig gegenüber der Beschimpfung als Glatzkopf. Zwei Beobachtungen können hier zu Klärung beitragen. Erstens geht es um die Herkunft der Jugendlichen. Im hebräischen Text steht, dass Elisa sich von Jericho aus aufmacht, um nach Bethel hinaufzugehen. Auf dem Weg hinauf kommen nun die Jugendlichen aus „der Stadt" heraus. Die Frage ist, welche Stadt damit gemeint ist? Denn im hebräischen Text steht, dass sich Elisa nach der Beschimpfung zu ihnen umwandte. Offensichtlich ruft die Gruppe hinter ihm aus der Stadt heraus. Dann geht es aber um die Stadt Jericho, aus der Elisa soeben losgelaufen war in Richtung Bethel. Als Elisa praktisch außerhalb der Stadt ist, rufen ihm die Jugendlichen „Glatzkopf" hinterher. Man kann nun annehmen, dass die Bevölkerung Jerichos von dem Wunder Elisas erfahren hatte. Elisa hatte eine schlechte Quelle „geheilt", die zuvor mit Tod und Fehlgeburten in der Vergangenheit in Verbindung gebracht worden war, und nun wieder gesundes Wasser hervorbrachte. Brisant ist die Tatsache, dass Elisas Tat praktisch die Geburtenrate erhöht, die schimpfenden Jugendlichen ihn dafür aber nicht anerkennen, sondern beleidigen. Elisa segnet Jericho durch sein Wunder mit (zukünftigen) Kindern, aber er kann auch durch Gericht handeln, sodass Kinder der Stadt sterben. Auch hier muss aber die Möglichkeit in Betracht gezogen werden, dass Elisa seine Autorität als Bote Gottes missbraucht haben könnte. Ähnlich wie das bei seinem Vorgänger Elia der Fall war, ist diese heftige Reaktion auch theologisch nicht zwingend nötig, um sich als autorisierter Prophet auszuweisen. Zu den Motiven Elisas schweigt der Text. – **„Glatzkopf, fang uns doch!"** Neben der Stadt gibt es, zweitens, Erklärungen zu dem Begriff „Glatzkopf". Zunächst muss gesagt werden, dass die Übersetzung „Glatzkopf, fang uns doch!" irreführend ist. Es geht an dieser Stelle nicht um ein Fang-Spiel, bei dem Elisa beleidigt ist und nicht mitmachen möchte. Wahrscheinlich steht mehr hinter dem Begriff „Glatzkopf", mehr als nur wenige Haare. Hier gibt es zwei mögliche Erklärungsansätze. Zum einen könnte eine Teilglatze ein Markenzeichen des Propheten gewesen sein. 1 Könige 20,38-41 beschreibt einen Propheten, der über seinen Augen eine Binde anbringt, sodass er nicht erkannt wird. Erst als er die Binde wegnimmt, wird er jedoch als Prophet identifiziert. Entweder dieser Prophet hatte ein Zeichen auf der Stirn, oder aber er könnte zumindest den Vorderteil der Haare rasiert haben. Die Jugendlichen beschimpfen also mit dem Ausdruck „Glatzkopf" Elisa ausdrücklich als Propheten. Ist er in den Versen zuvor von Jahwe selbst gegenüber den Prophetenjüngern und den

Leuten in Jericho als Prophet bestätigt worden, so beleidigt diese Gruppe nun Elisa in diesem neuen Amt.

Zum anderen taucht das Thema „Glatze" im Kontext der damaligen Trauerriten auf. Nachdem Hiobs Kinder umgekommen sind, schert sich Hiob im Zuge der Trauer seinen Kopf (Hi 1,20). Der Prophet Amos spricht von einer Zeit der Trauer und Klage um den einzigen Sohn, wo sich die Menschen die Köpfe kahl scheren werden (Am 8,10). Auch Jesaja 22,12 zeugt von dem Kahlscheren des Kopfes als Zeichen der Trauer. Im Zusammenhang von 2 Könige 2 hat Elisa den Verlust von Elia zu beklagen. Er ist für ihn ein „Vater" im geistlichen und persönlichen Bereich gewesen (1 Kön 19,19-21; 2,12). Den Verlust Elias muss Elisa beklagen, auch wenn er nicht eines natürlichen Todes gestorben ist. Die Jugendlichen beleidigen Elisa also in höchstem Maße, weil sie ihn in der Trauerphase diskreditieren.

Manche Ausleger gehen auch davon aus, dass diese Gruppe Elisa als Propheten bewusst loswerden wollten. Denn der hebräische Text gebraucht für den Aufstieg Elias in den Himmel (2,11) das gleiche Verb wie an dieser Stelle für die geforderte Bewegung Elisas in 2,23. Elia geht im Wirbelsturm hinauf (2,11). So soll nun auch Elisa seinem Meister folgen. Die Jugendlichen haben in keiner Weise Elisa als Propheten Jahwes anerkannt. Entweder sie treten seine Trauer mit Füßen oder aber sie wollten ihn sogar direkt wieder loswerden.

Gordon D. Fee und
Douglas Stuart

Effektives Bibelstudium

Die Bibel verstehen
und auslegen

384 Seiten, gebunden
ISBN 978-3-7655-0602-4

„Die Bibel – ein Buch mit sieben Siegeln? Dieses altbekannte Vorurteil wird auf jeder Seite dieses Buches widerlegt. Bibellesen wird spannend, wenn man die Texte richtig versteht und weiß, wie sie auszulegen und anzuwenden sind. Was hat der Text seinen ursprünglichen Lesern gesagt? Und was bedeutet er für uns heute? Um diese zwei Fragen zu beantworten, muss man wissen, was für einen Text man vor sich hat: Ein Gedicht ist kein historischer Bericht, und ein historischer Bericht ist kein für alle Zeiten verbindlicher Gesetzestext. Evangelien, Gleichnisse, Offenbarung – ‚Effektives Bibelstudium' stellt die verschiedenen Textgattungen der Bibel vor und zeigt anschaulich, wie sie zu verstehen sind. Das Buch, das man braucht, um die ‚sieben Siegel' der Bibel zu brechen – damit Bibellesen Freude bringt und nicht in die Irre führt."

Otto Ziegelmeier auf theology.de

N.T. Wright: Bibelkommentare *für heute*

Die Bibel, erklärt und ausgelegt von N.T. Wright. Intelligent, aber nicht hochgestochen. Eingängig, aber nicht zu simpel. Die einzelnen Bibelabschnitte werden verständlich vor dem Hintergrund dessen, was wir heute über Jesus und seine Zeit wissen. Und sie werden lebendig für das Leben mit Jesus heute.

N. T. Wright ist international einer der einflussreichsten Theologen der Gegenwart. Und er kann sich so klar ausdrücken, dass ihn jeder Leser verstehen kann. Inzwischen hat er alle 27 Bücher des Neuen Testaments kommentiert. Wer sich selbstständig mit der Bibel und ihrer praktischen Relevanz „für heute" befassen will, ist hier an der richtigen Adresse.
          Prof. Dr. Armin Baum, Freie Theologische Hochschule Gießen

Weitere Informationen auf
www.brunnen-verlag.de

Tim Dowley

Brunnen Bibelatlas

32 Seiten
ISBN 978-3-7655-6199-3

Auf 32 Seiten bieten detailgenaue Reliefkarten einen Überblick über die Geografie der Bibel: Ereignisse, Orte, Reiserouten, Grenzen von Ländern und Stammesgebieten sind in den Karten verzeichnet. Der kompakte „BRUNNEN Bibelatlas" – nun völlig überarbeitet und im neuen Design.

Brunnen Verlag GmbH
www.brunnen-verlag.de